Arnold · Erfolg durch Einkaufskooperationen

Ulli Arnold (Hrsg.)

Erfolg durch Einkaufskooperationen

Chancen – Risiken – Lösungsmöglichkeiten

GABLER

Professor Dr. Ulli Arnold ist Inhaber des Lehrstuhls für Investitionsgütermarketing und Beschaffungsmanagement an der Universität Stuttgart.

Die Deutsche Bibliothek - CIP-Einheitsaufnahme

Erfolg durch Einkaufskooperationen : Chancen – Risiken – Lösungsmöglichkeiten /
Ulli Arnold (Hrsg.). - Wiesbaden : Gabler, 1998
ISBN 3-409-12254-0

Druck und Buchbinder: Lengericher Handelsdruckerei, Lengerich/Westf.
Printed in Germany

ISBN 3-409-12254-0

Vorwort

Die Kooperationsidee hat eine vergleichsweise lange Tradition in Deutschland. Vielfach theoretisch untersucht und zur Realisierung empfohlen konnte sie sich jedoch nur in einigen Wirtschaftssektoren, vorzugsweise in der Landwirtschaft, im Handwerk und im Handel, durchsetzen. Auffällig ist, daß Kooperationen in der Industrie eher selten anzutreffen sind. Dies gilt in ganz besonderem Maße für Kooperationen von Unternehmen im *Einkaufsbereich*, obwohl gerade dort die Bündelung von Aktivitäten zu ökonomischen Vorteilen bei den Kooperationspartnern führen kann.

In den letzten Jahren hat die Betriebswirtschaftslehre die Idee der Kooperation wiederentdeckt und auf der Grundlage der *Neuen Institutionenökonomik* theoretisch aufgearbeitet (vgl. bspw. ARNOLD/EßIG 1997). Kooperationen werden in einem engen Zusammenhang mit Netzwerkarrangements gesehen und stellen eine Steuerungsform „zwischen Markt und Hierarchie" dar. Allerdings konnten diese neuen theoretischen Einsichten und Erklärungsansätze die praktische Umsetzung nur mäßig stimulieren.

Wir sind sicher, daß lockere Verbindungen von Unternehmen - in Teilbereichen und auch zeitlich befristet - in Zukunft dazu dienen werden, Wettbewerbsfähigkeit und insbesondere Flexibilität zu gewährleisten. Dies gilt nicht nur für die großen, weltweit agierenden Unternehmen; gerade auch kleine und mittelgroße Unternehmen, die wegen ihrer begrenzten Ressourcen kaum in der Lage sind, in allen Funktionsbereichen „Weltklasse" zu sein, können sich durch partielle Kooperationen in einem schärfer werdenden Wettbewerb besser behaupten.

Unternehmen müssen sich immer stärker auf ihre Kernkompetenzen besinnen und das heißt, daß sie manche Funktionen und Aktivitäten nicht mehr selbst bzw. alleine ausüben werden können oder wollen. Um ihre Selbständigkeit auch in Zukunft zu erhalten, werden kleine und mittlere Unternehmen Kooperationen als aktives Instrument zur Verbesserung der Wettbewerbsposition einsetzen müssen.

Das vorliegende Buch setzt die Kooperations*theorie* voraus und präsentiert praktische Kooperationserfahrungen. Mit den damit verbundenen Gestaltungsempfehlungen will das Buch zu Unternehmenskooperationen ermutigen. Erfahrungsgemäß lernt „die Praxis" von gelungenen Beispielen. Die „Einkaufskooperation mittelständischer Unternehmen in Baden-Württemberg" kann als ein sehr positives Beispiel für eine Einkaufskooperation gelten. Darüber berichtet Teil II. Die Beiträge aus den Bereichen des Handels (OLESCH) und des Handwerks (SERVET) zeigen eindrucksvoll die Notwendigkeit und die Vorteile kooperativer Arrangements auf, die in diesen Sektoren teilweise sogar existentiell für die beteiligten Unternehmen wurden.

In einer Welt, die zunehmend durch globalisierten Wettbewerb geprägt ist, sollte der Blick in andere Weltregionen nicht fehlen. Industrieunternehmen in Deutschland können nicht nur von Handel und Handwerk lernen; es lohnt sich, einen Blick auf die Einkaufskooperationen in den USA zu werfen. Sie haben dort eine andere sektorale Bedeutung und sind im Industriebereich bereits stärker verbreitet. Die Beiträge von HENDRICK und SCHEUING informieren darüber.

Den Ko-Autoren danken wir für ihre Unterstützung und die sehr anregende Zusammenarbeit. Die US-amerikanischen Beiträge sind zugleich auch Ausdruck einer bereits mehrjährigen wissenschaftlichen Kooperation zwischen dem Lehrstuhl für Investitionsgütermarketing und Beschaffungsmanagement der Universität Stuttgart und der St. John's University New York sowie dem Forschungsinstitut CAPS (Center for Advanced Purchasing Studies) des US-amerikanischen Einkäuferverbandes NAPM (National Association of Purchasing Management). - Schließlich danken wir Herrn Dipl.-Kfm. Michael Eßig für sein beispielhaftes Engagement bei der redaktionellen Betreuung der Ko-Autoren und der Aufbereitung der Manuskripte.

Stuttgart, Januar 1998   *Ulli Arnold*

Inhaltsverzeichnis

Abkürzungsverzeichnis

AktG	Aktiengesetz
CAPS	Center for Advanced Purchasing Studies
CMC	Conglomerate Multinational Corporation
DEG	Dachdecker-Einkaufsgenossenschaft
DFÜ	Datenfernübertragung
DMV	Deutscher Möbel Verbund
DV	Datenverarbeitung
E&I	Educational & Institutional Cooperative Service
EDI	Electronic Data Interchange
EDV	Elektronische Datenverarbeitung
ELG	Einkaufs- und Liefergenossenschaften
F&E	Forschung & Entwicklung
GPO	Group Purchasing Organizations
IBS	Interbaustoff
IHK	Industrie- und Handelskammer
JPG	Joint Purchasing Group
MEG	Maler-Einkaufsgenossenschaft
MRO	Maintenance, Repair, and Operating
NAEB	National Association of Educational Buyers
NAPM	National Association of Purchasing Management
PC	Purchasing Consortium
PRG	Produktionsgenossenschaften des Handwerks
WiSt	Wirtschaftswissenschaftliches Studium

Abbildungsverzeichnis

Teil I: Grundlagen von Einkaufskooperationen
(von ULLI ARNOLD)

1. Einkaufskooperationen als strategisch ausgerichtete Kooperationsform

1.1 Die „multi-organizational competitive unit": Kooperationen als Antwort auf verschärfte Wettbewerbsbedingungen

Die Wettbewerbsintensität auf den weltweiten Absatzmärkten nimmt zu. Ursächlich dafür ist die immer stärker werdende Globalisierung des Wettbewerbs und eine in ihrer Dynamik verstärkte Technologieentwicklung. Auf den ersten Blick muß die derzeit zu beobachtende Renaissance zwischenbetrieblicher Zusammenarbeit von Unternehmen deshalb erstaunen, weil sich Unternehmen üblicherweise unter solchen Wettbewerbsbedingungen stärker voneinander abschotten. Stattdessen wird postuliert: „Mehr Wettbewerb verlangt mehr Kooperation" (THUROW 1988, S. 863).

Die allgemeine Beobachtung macht zugleich klar, daß eine zwischenbetriebliche Kooperation weder Selbstzweck noch „gute Tat" im Sinne einer „Kooperationsromantik" ist. Im Gegenteil gilt: Eine Kooperation soll „die wirtschaftliche Situation der beteiligten Betriebswirtschaften verbessern" (GERTH 1971, S. 17). Die Kooperationspartner arbeiten nur auf spezifischen Feldern zusammen; in (allen) anderen Bereichen sind sie nach wie vor unabhängig oder gar Konkurrenten. Im Mittelpunkt steht de facto nicht die Kooperation selbst, sondern die Kooperationssubjekte. Diese haben lediglich erkannt, daß sie aus eigener Kraft eine Besserstellung der eigenen Situation nicht erreichen können. Eine derartige Besserstellung ist über die Realisierung von vier Vorteilen möglich, die in der Kooperationsforschung als Hauptmotive für Kooperationen genannt werden (vgl. BACKHAUS 1997, S. 259-263, so ähnlich auch BUSE 1997, S. 446):

(1) Zugang zu Märkten und Ressourcen

(2) Spezialisierungs- und Know-how-Vorteile

(3) Kostenvorteile

(4) Zeitvorteile

Gleichzeitig wird das zentrale konstitutive Element zwischenbetrieblicher Kooperationen deutlich: Der scheinbare Widerspruch zwischen Autonomie und Interdependenz (vgl. TRÖNDLE 1987, S. 16 ff.).

Die Autonomie der kooperierenden Unternehmen äußert sich in ihrer prinzipiellen Freiheit über Beitritt und Verlassen einer Kooperation selbst zu entscheiden. Das bedingt zugleich, daß die Kooperationssubjekte zumindest grundsätzlich wirtschaftlich und rechtlich selbständig bleiben. Nur so ist auch zu verstehen, daß der mit Hilfe von Kooperationsaktivitäten erzielte Mehrwert letztlich zu einer Besserstellung der Kooperierenden führen soll. „Unfreiwillige" Kooperationen zwischen zwei Unternehmen, deren Überlebensfähigkeit sonst nicht mehr gewährleistet ist, werden somit nicht als Kooperationen in diesem Sinne betrachtet und sind - empirisch vielfach bestätigt - häufig zum Scheitern verurteilt. Ist nur einer der Partner ökonomisch schwach, endet die Kooperation häufig in einer Übernahme (Fusion).

Gleichzeitig bedeutet Autonomie aber auch, daß sich die Zusammenarbeit auf einen oder wenige (Funktions-) Bereiche beschränken muß - andernfalls ist die prinzipielle Selbständigkeit der kooperierenden Unternehmen nicht sichergestellt. Andererseits entsteht im Feld der Zusammenarbeit eine zunehmende Abhängigkeit von den anderen Kooperationsmitgliedern. Die Kooperationsrente bewirkt zwar einen erhöhten Handlungsspielraum der beteiligten Betriebswirtschaften, engt ihn aber wegen der im Kooperationsfeld vereinbarten ex ante-Planabstimmung gleichzeitig wieder ein („Paradoxon der Kooperation", vgl. BOETTCHER 1974, S. 42).

Von entscheidender Bedeutung ist in diesem Zusammenhang die Unterscheidung zwischen strategischen Allianzen und strategischen Netzwerken (vgl. BACKHAUS 1997, S. 263 f., MEYER 1996, S. 91): Strategische Allianzen sind horizontal ausgerichtete Kooperationsformen, während strategische Netzwerke vertikale Kooperationen zwischen Unternehmen verschiedener Stufen einer Wertschöpfungskette bezeichnen. Demzufolge handelt es sich bei Netzwerken immer um Abnehmer-Zulieferer-Beziehungen. Wichtig ist, daß sich die Absatzmärkte der Netzwerkpartner *immer* unterscheiden, da sie auf verschiedenen Wertschöpfungsstufen stehen - konsequenterweise sind sie gemeinsam am Erfolg des Endproduktes interessiert. Der Hersteller des „konsumfähigen" Endproduktes (final assembler) und seine Vermarktungsanstrengungen nehmen im Netzwerk eine zentrale Rolle ein. Die anderen Kooperationspartner - also die Zulieferer - bilden mit ihm gemeinsam eine „multi-organizational competitive unit" (SHILL/MCARTHUR 1992, S. 7). Die Unabhängigkeit und damit die Freiwilligkeit der Zusammenarbeit ist stark eingeschränkt.

In der betriebswirtschaftlichen Kooperationsforschung wird vereinzelt davon ausgegangen, daß nur vertikale Netzwerke symbiotisch (beidseitig nutzbringend) ausgelegt sein könnten (vgl. ASTLEY/FOMBRUN 1983, S. 578, OLIVER 1988, S. 544). Horizontale Allianzen müßten dieser Meinung nach wegen der Positionierung auf der gleichen Wertschöpfungsstufe zur Konkurrenz um benötigte Ressourcen führen. Für unsere Betrachtung ist dies besonders bedeutend, da Einkaufskooperationen horizontale Allianzen darstellen und die gemeinsame Bearbeitung der Ressourcenmärkte (Beschaffungsmärkte) von Unternehmen zum Gegenstand haben (vgl. ARNOLD/EßIG 1997, S. 10).

Diese Argumentation ist jedoch nicht schlüssig. Wenn eine Kooperation überhaupt nutzenstiftend für die Kooperierenden sein soll, dann muß sie zur individuellen wirtschaftlichen Besserstellung beitragen. Wird der Absatzmarkt eines Zulieferers durch eine kooperative Verbindung mit dem Abnehmer substituiert, so hat dies viel umfassendere Konsequenzen als eine horizontale Zusammenarbeit, bei der die Absatzfunktion der Kooperierenden individuell erhalten bleibt. Bei Netzwerken ist eine einseitige Dominanz von Interdependenz gegenüber Autonomie zu konstatieren. Bei Allianzen - also eben auch bei Einkaufskooperationen - ist dies so nicht der Fall. Das Spannungsfeld zwischen Autonomie und Interdependenz bleibt austariert.

Für alle Kooperationsformen gilt: Sie tragen zur Realisierung von Wettbewerbsvorteilen bei, die die Kooperierenden je für sich nicht erreichen könnten. Insofern stehen sie stets in Teilen zumindest gemeinsam im Wettbewerb. Einkaufskooperationen tragen zur Realisierung langfristiger Erfolgspotentiale im Beschaffungsbereich bei, in dem die Kooperationspartner durch eine horizontale Allianzbildung gemeinsam als Nachfrager am Beschaffungsmarkt auftreten.

1.2 Kooperationen als hybride Institution: Neue Formen der zwischenbetrieblichen Steuerung

Die Besonderheit von Kooperationen ergibt sich aus ihrem Steuerungsmechanismus, der die Vorteile von unternehmensinterner Abwicklung von Transaktionen mit den Vorteilen von marktlicher Steuerung zu verbinden versucht.

Märkte gelten weithin als der effizienteste Mechanismus zur Steuerung ökonomischer Transaktionen. Märkte setzen klare Signale; sie generieren die für Tauschbeziehungen erforderlichen Informationen gleichsam automatisch. Die Transaktionspartner unterliegen einem eindeutigen Belohnungs- und Bestrafungsmechanismus und zwar mit Hilfe des Preises. Ist ein Anbieter wenig leistungsfähig, scheidet er aus dem Markt aus. Diese Anpassungsfähigkeit bezeichnet bspw. WILLIAMSON (1991, S. 19) als Anpassungsfähigkeit vom Typ A. Sie ist einseitig ausgerichtet und wirkt praktisch sofort und direkt.

Trotzdem werden nicht alle ökonomischen Transaktionen über Märkte abgewickelt. Grade die fehlende direkte Durchgriffsmöglichkeit einer zentralen Instanz zur gemeinsamen Ausrichtung mehrer Transaktionspartner ist offensichtlich in bestimmten Tauschsituationen das größte Problem der marktlichen Steuerung. Die Anpassung an Störungen muß in manchen Fällen strikt nach Planvorgabe erfolgen. Wenn es keine Institution gibt, die für die sinnvolle Kombination von Ressourcen sorgt, ist eine Produktion und Distribution von Gütern in volkswirtschaftlicher Arbeitsteilung nicht möglich. Unternehmen sind solche Institutionen - in ihren Ausprägungen als Industrie-, Dienstleistungs-, Handels- und Handwerksunternehmen. Der zentrale Steuerungsmechanismus ist für alle Unternehmensarten gleich: Die Hierarchie. Hierarchie äußert sich darin, daß Verfügungsrechte im Management zentralisiert sind und von dort disponiert werden. Durch administrative Sanktions- und Kontrollmechanismen wird die gemeinsame Zielausrichtung ermöglicht, mithin also die bilaterale Anpassungsfähigkeit (Anpassungsfähigkeit vom Typ B, vgl. WILLIAMSON 1991, S. 19) erhöht.

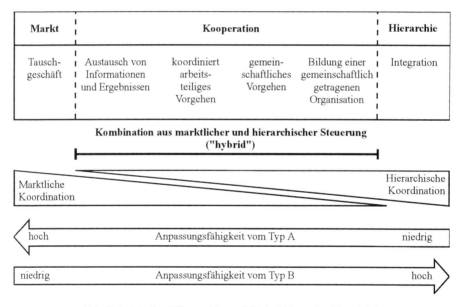

Abb. I-1: Markt, Hierarchie und Hybridform im Vergleich

Kooperationen stellen aus institutionenökonomischer Sichtweise Hybridarrangements dar: Sie vereinigen Elemente der hierarchischen mit der marktlichen Steuerung. Vor Beginn einer Kooperation sind die beteiligten Unternehmen ausschließlich marktliche Transaktionspartner, entweder als Kunde und Lieferant oder als isolierte Nachfrager am Beschaffungsmarkt. Hier findet sich auch das oben angesprochene Gegensatzpaar Autonomie und Interdependenz wieder: Autonomie heißt rein marktliche Beziehung und

Steuerung, Interdependenz steht für hierarchische Abstimmungsmechanismen. Die Hierarchieelemente können unterschiedlich stark ausgeprägt sein: Kooperationen existieren als loser Informationsaustausch (geringer Hierarchisierungsgrad, weitgehend marktliche Steuerung), als Projektorganisation (mittlerer Hierarchisierungsgrad) oder als Gemeinschaftsunternehmen/Joint Venture mit eigener Rechtsform (hoher Hierarchisierungsgrad, kaum Marktelemente): Dementsprechend weisen Kooperationen unterschiedliche Hybrid-Muster auf (vgl. Abb. I-1).

1.3 Kooperationsformen in der Beschaffung und ihre Bedeutung für den Unternehmenserfolg

Mit dem *ressourcenorientierten Ansatz* („resource-based view") stehen erstmals nicht die Absatz-, sondern die Ressourcen- bzw. Beschaffungsmärkte eines Unternehmens im Mittelpunkt der strategischen Unternehmensführung (vgl. BACKHAUS 1997, S. 173 f., BUSE 1997, S. 448 f., KNYPHAUSEN-AUFSEß 1995, S. 82 ff.). Der ressourcenorientierte Ansatz geht davon aus, daß Wettbewerbsvorteile von Unternehmen aus der Qualität ihrer Ressourcen und aus der Qualität der Ressourcenkombination resultieren (vgl. PENROSE 1972). *Kernkompetenzen* (vgl. PRAHALAD/HAMEL 1990) basieren letzlich auf diesen ressourcenbedingten Wissensmustern.

Für die Versorgung eines Unternehmens mit Ressourcen ist die Beschaffung zuständig. Unabhängig davon, ob man die Beschaffungsfunktion nur auf Sachgüter und Dienstleistungen beschränkt (vgl. ARNOLD 1997, S. 5) oder aber in einem weiten Sinne alle Inputfaktoren betrachtet (vgl. GROCHLA/SCHÖNBOHM 1980, S. 16 ff.), wird deren zentrale Bedeutung für den Unternehmenserfolg deutlich. So zeigt bspw. der Anteil der Materialkosten am Umsatz (bzw. an den Herstellkosten) eine in den letzten Jahren steigende Tendenz und liegt bei Industrieunternehmen mittlerweile z.T. beträchtlich schon über 50% (vgl. ARNOLD 1997, S. 14).

Aus Sicht der Beschaffung stehen zwei Kooperationsformen im Mittelpunkt der Betrachtung (vgl. Abb. I-2):

(1) Die vertikalen Beschaffungsnetzwerke (Kooperationstyp 1) sind Abnehmer-Zulieferer-Kooperationen. Der bislang existierende Markt zwischen Unternehmen (Beschaffungsmarkt eines Abnehmers und Absatzmarkt eines Zulieferers) wird durch ein Netzwerk substituiert. Die Autonomie von Zulieferern wird stärker reduziert, weil ihre marktlichen Absatzmöglichkeiten eingeschränkt werden. Die Abhängigkeit von

den Marketinganstrengungen der Abnehmer nimmt zu. Die Hybridsteuerung dieser Kooperationsform verlagert sich in Richtung Hierarchie; regelmäßig dominiert der Nachfrager.

(2) Horizontale Beschaffungsallianzen (Kooperationstyp 2) werden als *Einkaufskooperationen* bezeichnet. Sie sehen eine Zusammenarbeit zweier Unternehmen einer bestimmten Wertschöpfungsstufe im Beschaffungs- bzw. Versorgungsbereich vor. Dies müssen nicht zwingend Industrieunternehmen sein (angedeutet durch die Primärfunktion „Produktion" in Abb. I-2); als Kooperationspartner kommen auch Dienstleistungs-, Handels- oder Handwerksunternehmen in Betracht.

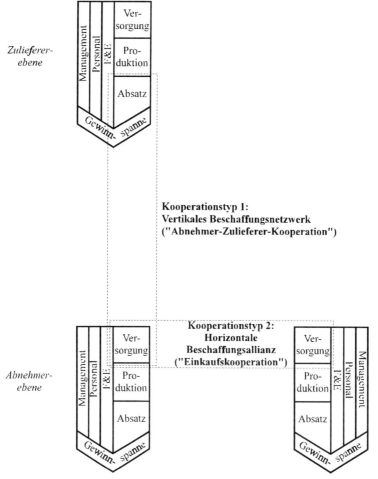

Abb. I-2: Kooperationsformen der Beschaffung
(Quelle: In Anlehnung an ARNOLD/EßIG 1997, S. 9)

2. Ansatz und Aufbau dieses Buches

Anstatt generalisierende Gestaltungshinweise für „*die*" Einkaufskooperation zu geben, verfolgt dieses Buch einen anderen Ansatz: Im Mittelpunkt stehen verschiedene *institutionelle Konzepte von Einkaufskooperationen*. Die differenzierende Betrachtung unterschiedlicher sektoraler Erscheinungsformen soll die Vielfalt kooperativer Arrangements im Beschaffungsbereich von Unternehmen illustrieren und zum Transfer bereits in anderen Branchen entwickelter Lösungen ermutigen.

Das institutionelle Konzept der Einkaufskooperation lehnt sich eng an die Idee der Institutionenlehre in der Betriebswirtschaftslehre an (vgl. SCHWEITZER 1992, S. 18 f.). Damit wird der Tatsache Rechnung getragen, daß die Spezifika der Wirtschaftsbereiche so groß sind, daß eine umfassende, generalisierende Abhandlung zwangsläufig wichtige Aspekte außer acht lassen müßte. Einkaufskooperationen beziehen sich zwar definitionsgemäß auf den in jeder Organisation vorhandenen Funktionsbereich Beschaffung; allerdings sind ihre Ausprägungen in den verschiedenen Sektoren höchst unterschiedlich. Wir unterscheiden folgende Wirtschaftsbereiche im Sinne des institutionellen Konzepts (vgl. SCHWEITZER 1990, S. 5 ff.):

- *Industrie* bezeichnet „die gewerbliche Sachgüterproduktion im Fabriksystem" (SCHWEITZER 1990, S. 19). Im Mittelpunkt der Definition stehen vier Aspekte:

  - Sachgüter sind von Dienstleistungen bzw. immateriellen Gütern abzugrenzen. In unserem Sinne sind sie mobil oder immobil und das Ergebnis von Produktionsprozessen (vgl. ARNOLD 1997, S. 3 ff.).

  - Produktion bezeichnet dabei die stoffliche Transformation von Güter (Input) in andere Güter (Output), die dann dem Konsum oder der Weiterverarbeitung zugeführt werden (vgl. CORSTEN 1996, S. 8-13). Der industrielle Transformationsprozeß umfaßt dabei immer eine Be- und/oder Verarbeitung des Inputs, d.h. es existiert eine Produktionsfunktion, die mit der Distributionsaufgabe verbunden ist.

  - In der Industrie erfolgt die Sachgüterproduktion immer erwerbswirtschaftlich („gewerblich"), d.h. mit der Absicht, eine Kapitalrendite zu erzielen. Industrieunternehmen sind Profit-Unternehmen.

  - Mit dem Fabriksystem wird eine zentralisierte Einrichtung bezeichnet, die eine stark arbeitsteilige und mechanisierte Produktion von Sachgütern zuläßt.

In der Nomenklatur des STATISTISCHEN BUNDESAMTS (1996, S. 129 ff.) entspricht die Industrie weitgehend dem „verarbeitenden Gewerbe".

- Das *Handwerk* unterscheidet sich von der Industrie in zwei wichtigen Punkten:

  - Bei Handwerksunternehmen vollzieht sich die Gütererstellung nicht nach dem Fabriksystem. In der Regel sind Handwerksbetriebe weniger automatisiert und vor allem weniger arbeitsteilig. Das ermöglicht ihnen eine weitgehend kundenindividuelle Fertigung, die allerdings mit dem Verzicht auf Losgrößen- bzw. Skaleneffekte erkauft werden muß.

  - Handwerksunternehmen proudzieren nicht nur Sachgüter, sondern auch reine Dienstleistungen (bspw. Friseur).

- Der *Handel* wiederum läßt sich als gewerbliche Tätigkeit umschreiben, die in der Beschaffung und/oder dem Absatz von Gütern ohne wesentliche Be- und Verarbeitung besteht (vgl. SCHENK 1991, S. 78). Es existiert keine (Sachgüter-) Produktion im oben dargestellten Sinne. Der Handel selbst ist eine *Dienstleistung*.

Industrie, Handel und Handwerk werden als wichtigste Wirtschaftsbereiche des institutionellen Konzepts der Einkaufskooperationen definiert. Daneben existieren noch weitere Bereiche wie Dienstleistungen und das Non-Profit-Segment. Auf diese Bereiche können Aussagen über Einkaufskooperationen sinngemäß übertragen werden.

Der eben skizzierte Ansatz des Buches wird von der Gliederung der Beiträge unterstrichen (vgl. Abb. I-3):

Nach der in diesem Teil erfolgten Darstellung der Grundlagen stehen *industrielle Einkaufskooperationen* im Mittelpunkt von Teil II. Auf Basis eines Pilotprojektes gibt ARNOLD Gestaltungsempfehlungen in Form des integrierten Kooperationsmanagement-Ansatzes. Zwar liegen bislang für den Industriebereich kaum empirische und theoretische Arbeiten zu diesem Kooperationstyp vor. Der Erfolgsnachweis des Pilotprojektes macht die prinzipielle Erfolgsträchtigkeit industrieller Einkaufskooperationen jedoch sehr deutlich.

Teil III des Buches behandelt *Einkaufskooperationen im Handel*. Der Beitrag von OLESCH zeigt die Entwicklung in diesem Sektor auf: Die Tendenz zu Einkaufskooperationen wird immer stärker. Die Bindungsintensität nimmt zu (Gründung starker Dachorganisationen, Fusionstendenzen), die kooperativen Aktivitäten dehnen sich von der Beschaffung auf andere Bereiche wie bspw. Marketing aus. Das hierarchische Element wird gestärkt, die Interdependenzen werden größer. Die Vielzahl empirischer Fallbeispiele kann durchaus als „Vorbild" für industrielle Unternehmen dienen.

Die Genossenschaftsidee war und ist nicht nur im Handel, sondern auch im *Handwerk* Grundlage von *Einkaufskooperationen*. In Teil IV widmet sich SERVET diesem in seiner volkswirtschaftlichen Bedeutung meist vernachlässigten Wirtschaftsbereich. Die Situation bei verschiedenen Handwerken wird ebenso beleuchet wie Erfolgsfaktoren für Handwerker-Einkaufskooperationen.

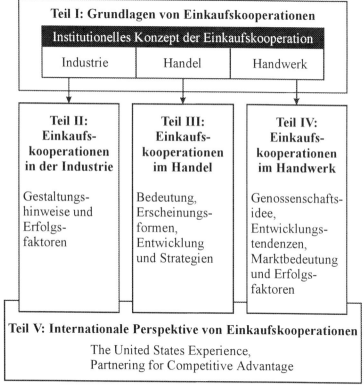

Abb. I-3: Das institutionelle Konzept der Einkaufskooperation
(Aufbau des Buches)

Um die Darstellung von Einkaufskooperationen abzurunden, sollen in Teil V des Buches im wahrsten Sinne des Wortes „Grenzen überschritten" werden. Der Abschnitt *Internationale Perspektive von Einkaufskooperationen* ist insbesondere den USA gewidmet. Einkaufskooperationen industrieller Unternehmen werden dort als „Purchasing Consortium" bezeichnet. Die Verbindung zwischen Einkaufskooperationen in Deutschland und Einkaufskooperationen in den USA stellt der einleitende Beitrag von ARNOLD her. HENDRICK präsentiert die Ergebnisse einer Untersuchung des Centers for Advanced Purchasing Sudies (CAPS), in der amerikanische Industrieunternehmen zu ihren Erfahrungen bezüglich Einkaufskooperationen befragt wurden. Die Resultate lassen den Bedeutungszuwachs für diese Kooperationsform in der Zukunft erkennen und machen zugleich deutlich, daß die deutsche Industrie diese wichtige Entwicklung nicht verpassen darf. SCHEUING vertieft die empirischen Befunde durch eine Fallstudie und durch einen „Purchasing Consortium Process", der deutliche Parallelen zum Kooperationsmanagement von ARNOLD aufweist. Gleichzeitig wird ein Überblick über die amerikanischen Begrifflichkeiten und ihre Verwendung gegeben.

In den USA haben Einkaufskooperationen - wie in Deutschland - eine lange und bewährte Tradition, die ihren Ursprung im Genossenschaftswesen hat. Im Bereich öffentlicher Institutionen sind Einkaufskooperationen in Amerika weit verbreitet. Es ist zu wünschen, daß Beschaffungsallianzen auch in Deutschland zunehmend realisiert werden - die in diesem Buch aufgeführten empirischen Erfolgsnachweise mögen dazu anregen und ermutigen.

Teil II: Einkaufskooperationen in der Industrie
(von ULLI ARNOLD)

1. Vorbemerkungen

1.1 Forschungsansatz

Industrielle Einkaufskooperationen sind weder empirisch weit verbreitet noch wissen-schaftlich ausreichend erforscht (vgl. ARNOLD/EßIG 1997, S. 1, KOPPELMANN 1995, Sp. 215). Angesichts dieser Defizite stellt sich die Frage nach einer angemessenen Methode zur Wissensgewinnung. Mit der *Aktionsforschung* haben wir einen Ansatz gewählt, der folgende Besonderheiten und Vorteile aufweist (vgl. PROBST/RAUB 1995, S. 8 ff., SCHWARZ/PURTSCHERT 1996, S. 138 f.):

- Im Mittelpunkt steht die aktive Partizipation des Forschers an der Gestaltung des Er-kenntnisgegenstandes. Im konkreten Fall wird eine Einkaufskooperation von Indu-strieunternehmen unter Mitwirkung von Wissenschaftlern durchgeführt.

- Die aktive Mitarbeit bedingt gleichzeitig eine enge Verzahnung zwischen Theorie und Praxis. Das ermöglicht empirisch fundierte Gestaltungsempfehlungen auf analytischer Basis.

- Im Rahmen der Aktionsforschung wird die Betriebswirtschaftslehre als angewandte Sozialwissenschaft verstanden. Eine problemlösungsorientierte Forschung muß sich an den tatsächlichen Verhaltensweisen der Akteure in Einkaufskooperationen orientie-ren.

- Die Handlungsorientierung als Grundgedanke der Aktionsforschung bedeutet, daß der Forscher die Rolle eines „change agent" in einer Organisation einnimmt. Er ist Kataly-sator des organisatorischen Wandels, der in diesem Fall von der unternehmensindivi-duellen Beschaffung zu einer industriellen Einkaufskooperation führen soll.

- Der zyklische Ansatz der Aktionsforschung sieht eine ständige Rückkopplung des Forschungsprozesses mit den Akteuren vor. Handlungsempfehlungen werden konti-nuierlich analysiert und gegebenenfalls revidiert. Individuelles und organisationales Lernen werden damit eng verzahnt.

- Die Datenerhebung im Rahmen der Aktionsforschung kann als teilnehmende Beob-achtung charakterisiert werden. Es handelt sich dabei um eine für die Akteure der Einkaufskooperation offene Situation, da sie den Zweck der Beobachtung kennen, um ihre eigentliche Aufgabe und um ihre Rolle als Beobachtungsperson wissen.

- Mit der Aktionsforschung kann die Effektivität und Effizienz der implementierten Lösungen sofort überprüft werden. Unsere Gestaltungsempfehlungen für industrielle

Einkaufskooperationen waren somit permanent „auf dem Prüfstand". Sie haben sich bewährt und ihre Anwendung kann begründet empfohlen werden. Durch abstrahierende Betrachtung der Einzelfälle ist es möglich, zu Generalisierungen zu kommen.

1.2 Das Pilotprojekt „Einkaufskooperationen mittelständischer Unternehmen in Baden-Württemberg"

Dieses Aktionsforschungsprojekt war in die Gemeinschaftsinitiative „Wirtschaft und Politik" des Landes Baden-Württemberg eingebunden. Das Wirtschaftsministerium Baden-Württemberg betonte, daß dieses Konzept über „die unverbindliche Diskussion möglicher Lösungsansätze weit hinausgeht", daß eine „verbindliche Vereinbarung konkreter Handlungskonzepte" getroffen werden soll (WIRTSCHAFTSMINISTERIUM BADEN-WÜRTTEMBERG 1995, S. 10). Diese aktionsforschungsorientierte Zielsetzung ermöglichte die Realisierung einer pilotorientierten Einkaufskooperation mittelständischer Industrieunternehmen (vgl. ARNOLD/VOEGELE 1994, S. 5 ff.):

Kleine und mittelgroße Unternehmer in Baden-Württemberg (KMU) sind traditionell sehr stark vom Unabhängigkeitsstreben geprägt. Dies ist zunächst ein durchaus positives Zeichen unternehmerischen Selbstbehauptungswillens im Schumpeterschen Sinne. Der unbeugsame Wille, im Wettbewerb alleine und ohne fremde Hilfe bestehen zu wollen und zu können, ist eine wesentliche Ursache für die sprichwörtliche Innovationsfreude und Innovationsfähigkeit baden-württembergischer Unternehmer.

Diese unternehmerische Attitüde muß allerdings angesichts eines mittlerweile global geführten, weltweiten Wettbewerbs wichtiger Industriebranchen modifiziert werden. Mit anderen Worten: Strukturveränderungen des weltweiten Wettbewerbs erzwingen strukturelle Anpassungen der davon unmittelbar bzw. mittelbar betroffenen Unternehmen. Gerade KMU müssen in einem strategischen Sinne darüber nachdenken, wie weit ihre eigenen Kräfte zur Behauptung in einem immer intensiver geführten Konkurrenzkampf ausreichen oder ob sie - zumindest teilweise - bestimmte Ressourcen gemeinsam nutzen können und müssen. Zulieferunternehmen der Automobilindustrie werden vom Wettbewerb bereits in diese Auseinandersetzung gezwungen.

Ein Hebel zur sehr schnellen und direkten Verbesserung der Kostenstrukturen in Zulieferunternehmen liegt im Einkaufs- bzw. Beschaffungsbereich. Aufgrund der geringeren Arbeitsteilung wird in mittelständischen Unternehmen häufig die Beschaffungsfunktion unprofessionell erledigt. Die Geschäftsleitung, der Produktionsleiter bzw. die Arbeitsvorbereitung erledigen „nebenbei" den Materialeinkauf neben ihren Haupttätigkeiten. Es liegt auf der Hand, daß die Voraussetzungen für eine aktive Bearbeitung der Beschaffungsmärkte häufig fehlen. Die Folge ist, daß diese Zulieferbetriebe in aller Regel wegen ihrer geringen Beschaffungsmarktkenntnisse zu hohe Materialeinstandspreise bezahlen und leistungsfähige Beschaffungsquellen im Ausland kaum erschließen können. Weiterhin gilt, daß wegen der relativ geringen mengenmäßigen Nachfrage kaum in der Lage sind, Verhandlungsspielräume in Bezug auf Preisnachlässe zu nutzen.

In der Erschließung von Einkaufsvorteilen durch Einkaufskooperationen kann eine existenzsichernde Strukturveränderung von KMU der Zulieferseite gesehen werden, ohne daß dadurch ihr Innovationspotential beeinträchtigt würde. Ökonomische *Vorteile* durch Einkaufskooperationen lassen sich vor allem durch zwei Wirkungsmechanismen erschließen:

(1) Teilweise Spezialisierung der Partner einer Einkaufskooperation auf bestimmte Materialbedarfe, so daß eine intensive Markterschließung und Marktpflege unter Ausnutzung internationaler Beschaffungsquellen erfolgen kann.

(2) Bedarfsbündelung mit dem Ziel, mengenbezogene Preisnachlässe bzw. Leistungssteigerungen der Zulieferer zu erschließen, ohne wiederum nur Marktmacht auszuüben (Standardisierung von Bedarfen, Schaffung größerer Fertigungslose zur Erschließung von Stückkostensenkungseffekten auf den vorgelagerten Stufen).

Kooperationsfähigkeit stellt sich nicht automatisch ein; sie ist nicht „urwüchsig" in KMU vorhanden. Im Gegenteil: Kooperationsfähigkeit muß gelernt und erprobt werden.

Ein wesentliches Hindernis für das Zustandekommen liegt in der erfahrungsgemäß nur geringen Kooperationsbereitschaft mittelständischer Unternehmen. Organisationale Kooperationsbereitschaft ist als „Einstellung und Bereitschaft der potentiellen Kooperationspartner gegenüber einer Kooperation" (LINN 1989, S. 37) definiert. Dies betrifft sowohl die Kooperations*fähigkeit* als auch die Kooperations*willigkeit*.

Eine wichtige Aufgabe sahen die Forscher in diesem Aktionsforschungsprojekt darin, Vertrauen bei interessierten Unternehmen zu schaffen, um diese zur Mitarbeit zu bewegen. Immerhin müssen die Kooperationspartner bereit sein, in begrenztem Umfang interne Daten zur Verfügung zu stellen und Einblick in betriebsinterne Abläufe zu ermöglichen. „Geheimniskrämerei" ist kontraproduktiv und schmälert oder verhindert gar den Projekterfolg.

Die Idee des Verbundprojektes „Einkaufskooperationen mittelständischer Unternehmen in Baden-Württemberg" zielt im wesentlichen darauf ab, Kooperationsfähigkeit durch aktives Handeln zu erwerben. Im Zuge der Aktionsforschung übernehmen die projektbegleitenden Forscher die Aufgabe von Katalysatoren für die Entwicklung, Adaption und Erprobung der Kooperationsidee. Damit wird sichergestellt, daß mit Hilfe des Kooperationsprojektes tatsächlich auch Veränderungen in der Praxis initiiert werden.

An dem Projekt waren neben Wissenschaftlern dreizehn mittelständische Unternehmen aus Baden-Württemberg mit einem Umsatz zwischen 75 Mio. DM und 300 Mio. DM (1992) beteiligt (vgl. Abb. II-1). Diese gehörten hauptsächlich den Branchen Automobilzulieferung und Maschinenbau an. Sie beschäftigten zwischen 300 und 2.500 Mitarbeitern. In unserer Darstellung werden die Firmennamen vereinbarungsgemäß anonymisiert und statt dessen die Bezeichnungen U1 bis U13 verwendet.

Bezeichnung (anonymisiert)	Branche	Umsatz 1992	Beschäftigte 1992
U1	Automobilzulieferer	284 Mio. DM	1.474
U2	Automobilzulieferer	95 Mio. DM	695
U3	Automobilzulieferer	270 Mio. DM	1.421
U4	Kunststoffverarbeitung, Automobilzulieferer	208 Mio. DM	1.200
U5	Gießereitechnik, Maschinenbau	290 Mio. DM	1.500
U6	Werkzeuge, Maschinenbau	300 Mio. DM	2.500
U7	Automobilzulieferer	211 Mio. DM	1.215
U8	Automobilzulieferer	105 Mio. DM	530
U9	Automobilzulieferer	254 Mio. DM	1.670
U10	Automobilzulieferer	164 Mio. DM	810
U11	Elektrotechnik	120 Mio. DM	900
U12	Automobilzulieferer	75 Mio. DM	300
U13	Automobilzulieferer	143 Mio. DM	709

Abb. II-1: Beteiligte Unternehmen am Aktionsforschungsprojekt
(Quelle: ARNOLD/VOEGELE 1995, S. 81 f.)

Für das Forschungsvorhaben wurde eine klassische Projektorganisation gewählt (vgl. BÜHNER 1996, S. 209 f.). Charakteristisch dafür ist die Dreiteilung der Aufgabenträger in Lenkungsausschuß, Projektleitung und Kern-Projektteam (mit noch zu bildenden Arbeitsgruppen) (vgl. Abb. II-2):

- Der *Projektleiter* trägt die Verantwortung für das Gesamtprojekt. Er besteht in diesem Fall aus den beteiligten Wissenschaftlern und nimmt seine Aufgaben ständig wahr.

- Für die Abwicklung der Einzelaufgaben der Einkaufskooperation ist das *Kern-Projektteam* aus Einkaufsleitern, Einkäufern und Mitarbeitern der Projektleitung („change agents") zuständig. Bei Bedarf kann das Kern-Projektteam auf einen Pool externer Experten aus Wissenschaft und Wirtschaft zurückgreifen.

- An der Spitze steht ein sogenannter *Lenkungsausschuß* mit Vertretern des Top-Management aller Partner und dem Vertreter des Projektgebers (Wirtschaftsministerium Baden-Württemberg). Er tagt sporadisch, läßt sich über Projektstand und -fortschritt berichten und fällt alle zentralen Entscheidungen.

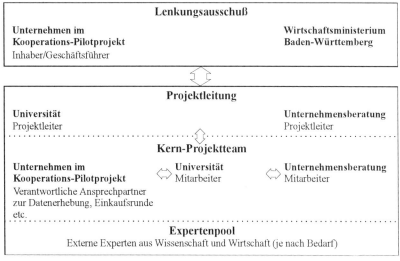

Abb. II-2: Organisation des Aktionsforschungsprojektes
(Quelle: ARNOLD/VOEGELE 1994, S. 22)

Die Projektorganisation bildet die Basis für die Abwicklung der Kooperationsaktivitäten. Diese Aktivitäten werden in einem integrierten Ansatz des Kooperationsmanagement zusammengefaßt, der gleichzeitig auch als „Leitfaden" für die Gestaltung von industriellen Einkaufskooperationen generell gelten kann.

2. Der Ansatz des Kooperationsmanagement

2.1 Überblick

Unsere Gestaltungsempfehlungen für industrielle Einkaufskooperationen orientieren sich an einem Managementansatz der Kooperation. *Kooperationsmanagement* „ist ein Prozeß, der alle Aktivitäten umfaßt, die zur Steuerung des beschaffungswirtschaftlichen Transformationsprozesses in einer Einkaufskooperation benötigt werden." (ARNOLD/EßIG 1997, S. 48). Das in Anlehnung an KOONTZ/O'DONNELL (1995) entwickelte Prozeßmodell des Management umfaßt im einzelnen folgende Teilphasen (vgl. Abb. II-3):

- Der Subprozeß *Planung* beinhaltet die Wahl geeigneter Kooperationspartner und die Definition der Ziele für die Kooperation (Abschnitt 2.2). Für die Identifikation geeigneter Kooperationspartner wird das Konzept des „Fit" herangezogen. Die Zieldefinition enthält eine methodische und eine inhaltliche Komponente. *Methodisch* muß der Zielformulierungsprozeß für die Kooperation mit den übergeordneten Zieldimensionen der Kooperationspartner verknüpft werden. *Inhaltlich* ist eine funktionale Abstimmung mit den Beschaffungszielen erforderlich.

- Der Subprozeß *Durchführung* enthält die Struktur- und Prozeßgestaltung von Einkaufskooperationen (Abschnitt 2.3). Die Arbeitsaufgaben werden objektspezifisch, d.h. nach Material- bzw. Warengruppe organisiert und als Einzelprojekte bearbeitet (Projektorganisation). Die Warengruppe stellt somit auch den Rahmen für den Ablauf des kooperativen Beschaffungsprozesses dar. Dieser gliedert sich in sieben Prozeßschritte, die von der Bestimmung eines federführenden Einkäufers bis zum Vertragsabschluß reichen.

- Im Subprozeß *Kontrolle* werden die Ergebnisse der Einkaufskooperation ermittelt (Abschnitt 2.4). Wegen der Multidimensionalität des Kooperationserfolges sind hier Operationalisierungs- und Meßprobleme zu lösen. Konkret wird ein Vier-Ebenen-Modell zur Erfolgsmessung entwickelt, das alle wesentlichen Ergebnisdimensionen erfaßt. Am konkreten Beispiel des Forschungsprojektes werden ausgewählte Ergebnisse vorgestellt und quantifiziert.

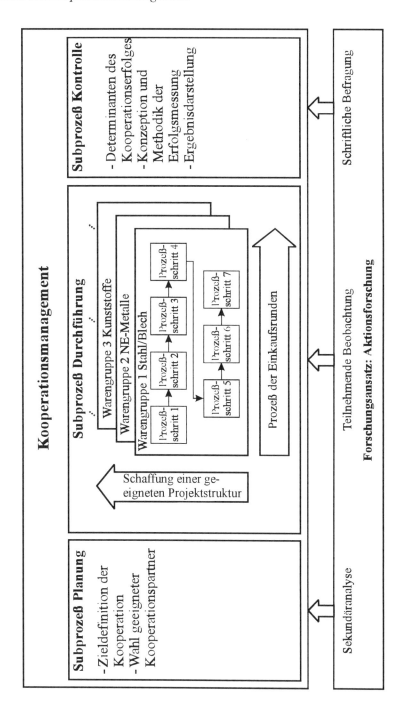

Abb. II-3: Der Ansatz des Kooperationsmanagement
(Quelle: ARNOLD/VOEGELE 1995, S. 10)

2.2 Planung industrieller Einkaufskooperationen

2.2.1 Das Problem der Partnerwahl

Die Wahl geeigneter Partner ist einer der wichtigsten Erfolgsfaktoren von Kooperationen (vgl. bspw. KAUFMANN/KOKALJ/MAY-STROBL 1990, S. 135 f.). Zentrales Kriterium zur Ermittlung der Kompatibilität von Unternehmen für eine Kooperation ist der sogenannte „Fit" (vgl. ARNOLD/EßIG 1997, S. 57 ff.). Der Begriff des Fit entstammt der Diskussion um Strategien und strategisches Management.

Definitionsgemäß kann Fit als „Strategische Stimmigkeit" (SCHOLZ 1988, S. 446) oder als Gleichgewicht („equilibrium", VENKATRAMAN 1989, S. 441) bezeichnet werden, das drei unterschiedliche Ebenen betrifft (vgl. SCHOLZ 1988, S. 446):

(1) Der *Intra-Strategie-Fit* hebt auf die Stimmigkeit einer Strategie *in sich selbst* ab. Die Strategieelemente müssen sowohl vertikal (Hierarchie von Unternehmens-, Geschäftsbereichs- und Funktionalstrategie) als auch horizontal (Beschaffungs-, Produktions- und Absatzstrategie) koordiniert werden.

(2) Der *Intra-System-Fit* berücksichtigt die strategische Stimmigkeit zwischen den strategierelevanten Teilen von In- und Umsystem.

(3) Schließlich ist auf einen *Strategie-System-Fit* zwischen den Komponenten einer Strategie und den strategierelevanten Teilen von In- bzw. Umsystem zu achten. So ist bspw. die Strategie der Kostenführerschaft nur auf Märkten mit hoher Preiselastizität der Nachfrage sinnvoll. Auch der von CHANDLER (1987) aufgezeigte Zusammenhang zwischen Strategie und Struktur („structure follows strategy") bedeutet nichts anderes als einen Strategie-System-Fit.

Mit der Diskussion um Strategische Allianzen wurde der Begriff des Fit auch in die Kooperationstheorie eingeführt (vgl. BRONDER/PRITZL 1991, S. 49-51, BRONDER/ PRITZL 1992, S. 36-40). Grund dafür ist die Erkenntnis, daß Partnerwahlentscheidungen zentrale Bedeutung für den Erfolg von Kooperationen haben. Die Auswahl von Kooperationspartnern erfolgt mit Hilfe von vier Ausprägungen des Fit (vgl. Abb. II-4):

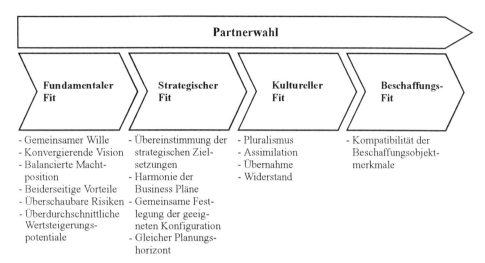

Abb. II-4: Fundamentaler, strategischer, kultureller und Beschaffungs-Fit
(Quelle: In Anlehnung an BRONDER/PRITZL 1992, S. 37)

(1) „Ein *fundamentaler Fit* besteht dann, wenn sich die von den Allianzpartnern jeweils eingebrachten Aktivitäten und Kompetenzen so ergänzen, daß die anvisierten Wertschöpfungspotentiale mit großer Wahrscheinlichkeit realisiert werden können" (BRONDER/PRITZL 1992, S. 36). Es handelt sich um ein typisches Konfigurationsproblem von Kooperationen, und tritt insbesondere dann auf, wenn *verschiedene* Funktionsbereiche der Kooperationspartner zusammenarbeiten. Dies ist bei Einkaufskooperationen nicht der Fall.

(2) Von einem *strategischen Fit* spricht man, wenn die verfolgten Strategien der Kooperationspartner zumindest ähnlich sind (vgl. BLEICHER 1992, S. 271). Von entscheidender Bedeutung ist dabei die langfristig angestrebte Stellung der einzelnen Kooperationspartner in ihren jeweiligen Absatzmärkten, also bspw. die Position in einer Zulieferpyramide (vgl. BOGASCHEWSKY 1994, S. 107 f.). So stellt die Ausrichtung eines Unternehmens als System- oder Modullieferant (vgl. ARNOLD 1996b, Sp. 1866) andere strategische Anforderungen an die Beschaffungsfunktion als die Position eines Zulieferers der zweiten Reihe (Sublieferant). Auch die Frage nach der langfristigen Beibehaltung eines Fertigungsstandortes in der Bundesrepublik oder der Verlagerung von Produktionsstätten in das europäische oder gar weltweite Ausland spielt eine entscheidende Rolle für die Beschaffungsstrategie und damit für die Erreichung eines strategischen Fit zwischen den Kooperationspartnern.

(3) Ein zwar weiches Kriterium, das indes in seiner Bedeutung für den Kooperationser-
    folg nicht unterschätzt werden darf, ist die Kompatibilität der Unternehmenskulturen
    der Kooperationspartner (*kultureller Fit*) (vgl. LEWIS 1990, S. 253 ff.). Das von
    BRONDER/PRITZL (1992, S. 39) vorgeschlagene *Kulturprofil* ermöglicht es, die eige-
    ne Unternehmenskultur mit Hilfe von acht Dimensionen mit der eines möglichen
    Kooperationspartners zu vergleichen: Die *Unternehmenskultur* wird im Beispiel
    durch Internationalität, Kunden-, Technologie-, Innovations-, Kosten-, Qualitäts-
    und Mitarbeiterorientierung bestimmt. Fallen die Kulturprofile der Kooperations-
    partner zu weit auseinander, kann der kulturelle Fit trotzdem erreicht werden: Neben
    der Entscheidung zur bewußten Koexistenz der bisherigen Kulturen (Kulturpluralis-
    mus) ist auch eine langsame Annäherung der beiden Kulturen (Kulturassimilation)
    oder der Übertrag einer Kultur auf das andere Unternehmen denkbar (Kulturüber-
    nahme). Allerdings darf die Dimension Unternehmenskultur nicht als eine Art „Stell-
    schraube" mißverstanden werden, die Veränderungen ohne weitere Vorbedingungen
    in die Wege leiten könnte. Unternehmenskultur ist das Ergebnis des Verhaltens aller
    Organisationsmitglieder und wird tagtäglich von ihnen reproduziert. Ihre Instru-
    mentalität wird häufig unzutreffend eingeschätzt.

    Unter den Oberbegriff der Unternehmenskultur fallen auch personelle Aspekte. Ein
    guter *personeller Fit* zwischen den Kooperationspartnern besteht langfristig nur,
    wenn zwischen ihnen bzw. zwischen den handelnden Personen Vertrauen herrscht.
    Grundlage für das Entstehen von Vertrauen bildet eine hohe Teamfähigkeit der an
    der Kooperation beteiligten Mitarbeiter.

(4) Einkaufskooperationen sind insbesondere aufgrund der Volumenbündelung bzw. der
    dadurch möglichen Skaleneffekte vorteilhaft. Um diese erzielen zu können, ist eine
    Mindestkompatibilität der in die Kooperation eingebrachten Beschaffungsobjekte
    erforderlich. Überlegungen zu einem *Beschaffungs-Fit* beziehen sich also auf die
    Homogenität der kooperativ zu beschaffenden Objekte (vgl. Abb. II-5). Grundsätz-
    lich wird zur Charakterisierung der Beschaffungsobjekte zwischen bedarfs- und
    marktinduzierten Objektmerkmalen unterschieden (vgl. SCHERER 1991, S. 204 ff.).
    Bedarfsinduzierte Objektmerkmale sind Ausfluß der unternehmensinternen Objek-
    tanforderungen. Einzelmerkmale sind Leistungsbedeutung, Preisbedeutung, Be-
    schaffungsmenge, Bedarfsstetigkeit, Bedarfsdringlichkeit, Bedarfsüblichkeit und die
    Nachfragestruktur. So gibt die Leistungsbedeutung bspw. an, welchen qualitativen
    Einfluß die Beschaffungs- auf die Absatzobjekte haben, während die Preisbedeutung
    den monetären Anteil widerspiegelt. Die Gruppe der marktinduzierten Objektmerk-

male „umfaßt Einflußfaktoren des beschaffungsobjektabhängigen Marktes" (SCHERER 1991, S. 225). Darunter fallen Angebotsstruktur, Angebotsdistanz, Angebotsleistungswandel, Leistungs- und Mengenverfügbarkeit, Preisstabilität sowie Marktreife. Als dritte Merkmalsgruppe existiert eine Mischform aus bedarfs- und marktinduzierten Objektmerkmalen. Einzelmerkmale sind Objektersetzbarkeit, Objektgefährdung, Objektindividualität, Objektkomplexität, Objektleistungsniveau und Objektpreisniveau. Soll ein hoher *Beschaffungs-Fit* erreicht werden, ist auf eine möglichst große Übereinstimmung der Beschaffungsobjektmerkmale aller Kooperationspartner zu achten.

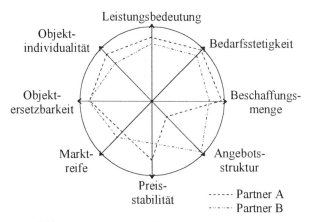

Abb. II-5: Partnerprofil zum Beschaffungs-Fit

2.2.2 Zielsysteme für Einkaufskooperationen

Ziele stellen erwünschte Sollzustände dar (vgl. FISCHER 1989, S. 89 f.). Alle Aktivitäten der Einkaufskooperation haben sich an den Zielen auszurichten. Ziele liefern die Beurteilungskriterien für die Bewertung und Auswahl von Entscheidungsalternativen (vgl. ADAM 1996, S. 99). An ihnen muß der Erfolg am Ende eines Projektes gemessen werden (Soll-Ist-Vergleich, vgl. Abschnitt 2.4).

Das Zielsystem stellt ein hierarchisches Beziehungssystem dar (vgl. Abb. II-6). Die funktionalen Ziele der Kooperationspartner im Bereich Einkauf müssen untereinander und - im Falle des Verbundprojektes - mit den Zielen des Auftraggebers sachlich verbunden werden. Eine möglichst große Schnittmenge gemeinsam geteilter Ziele (Zielkompatibilität) ist erforderlich.

Abb. II-6: Zielpyramide
(Quelle: ARNOLD/VOEGELE 1995, S. 14)

Übergeordnetes makroökonomisches Ziel der Wirtschaftspolitik im Lande Baden-Würt-temberg ist die Erhaltung und Förderung einer funktions- und damit wettbewerbsfähigen Wirtschaft. Angesichts eines seit Beginn der 90er Jahre drastisch gestiegenen Wettbe-werbsdruckes in Schlüsselindustrien wie bspw. Automobilherstellung und Maschinenbau ergab sich gerade in Baden-Württemberg mit seiner mittelständisch geprägten Unter-nehmensstruktur wirtschaftspolitischer Handlungsbedarf mit dem Ziel, die Wettbe-werbsfähigkeit und damit Arbeitsplätze in dieser Struktur zu erhalten.

Überlebensfähig sind Unternehmen nur, wenn sie eine ausreichende Kapitalrendite erzie-len (Mikroökonomisches Ziel). Konkretisiert wird dieses Ziel in den Teilzielen der Wert-schöpfungsprozesse des Unternehmens. Für die Einkaufsfunktion kennzeichnet das sog. materialwirtschaftliche Optimum (richtige Menge, in der richtigen Qualität, zur richtigen Zeit, am richtigen Ort, zu vergleichsweise geringen Kosten) die relevanten operativen Teilziele (vgl. ARNOLD 1997, S. 129 ff.). Strategische Ziele sind insbesondere Integra-tions- und Innovationsfähigkeit, aber auch Erschließung vertikaler und horizontaler Ver-bundeffekte. Horizontale Verbundeffekte („kollektive Transaktionspotentiale", ARNOLD 1982, S. 240 ff.) resultieren aus jenen Gestaltungsmöglichkeiten, die Nachfrager durch gemeinsames, kollektives Handeln erschließen können.

Kollektives Handeln ist die Kernidee von Einkaufskooperationen. Entscheidend für das Zustandekommen und für den Erfolg ist es, daß die Ziele der am Verbundprojekt betei-ligten Partner (Auftraggeber, Auftragnehmer, Kooperationsunternehmen) eine möglichst große inhaltliche Schnittmenge aufweisen und Zielwidersprüche (bspw. widersetzliche Partialinteressen) möglichst gering gehalten werden.

Mit dem als Pilotversuch angelegten Aktionsforschungsprojekt sollte die Funktionsfähigkeit einer Einkaufskooperation generell erprobt werden. Folgerichtig bestand das kooperationsinterne Zielsystem aus einem breit angelegten Katalog. Bewußt wurde darauf verzichtet, einzelne Teilziele besonders zu fokussieren. Es handelt sich dabei also um eine sogenannte *Multiple item*-Einkaufskooperation (vgl. ARNOLD/EßIG 1997, S. 53 ff.). Im Gegensatz zur Single item-Einkaufskooperation verfolgt die Multiple item-Kooperation ein ganzes Zielbündel. Dabei ist darauf zu achten, daß zwischen den Einzelzielen komplementäre oder zumindest indifferente Beziehungen bestehen. Konkret gestaltet sich das Zielsystem der Einkaufskooperation im Aktionsforschungsprojekt wie folgt (vgl. Abb. II-7):

Ökonomische Zielsetzungen	Technologische Zielsetzungen
• Erhöhung der Prozeßeffizienz durch Spezialisierung einzelner Beschaffungsaufgaben	• Simultaneous Engineering/Early Supplier Involvement
• Bildung von Kompetenzzentren und Erhöhung der Transparenz auf den Beschaffungsmärkten	• Konzentration auf die Kernkompetenzen
• Optimierung des Materialsortiments und Erschließung von direkten Vorteilen bei den Einkaufskonditionen	• Modular Sourcing
	• Substitution von Einsatzmaterialien und Technologien
• Verschiebung traditioneller Marktseitenverhältnisse	• Einsatz moderner Informations- und Kommunikationstechnologien
• Verstärkung von Global Sourcing-Aktivitäten	
• Verstärkung des Einkaufs von Dienstleistungen	

Abb. II-7: Zielkatalog des Forschungsprojektes
(Quelle: ARNOLD/VOEGELE 1994, S. 9 ff.)

2.3 Durchführung

Die Durchführungsphase besteht aus zwei Hauptelementen (vgl. Abb. II-8):

(a) Erstes Hauptelement ist die Schaffung einer geeigneten Arbeitsstruktur (Abschnitt 2.3.1). Mit Hilfe des Konzepts der „Warengruppen" wird eine Projektorganisation geschaffen.

(b) Die Strukturentscheidungen bilden die Grundlage für den Prozeß kooperativer Beschaffung (Abschnitt 2.3.2). Dieser Prozeß gliedert sich in sieben Einzelschritte.

Natürlich ist die strikte Trennung zwischen Struktur und Prozeß in der Realität so nicht möglich. Sie dient hier als analytisches Instrument mit dem Ziel, klar strukturierte und nachvollziehbare Gestaltungsempfehlungen zu geben. Trotzdem muß darauf hingewiesen werden, daß die Strukturierung bereits zu Beginn einer Einkaufskooperation bzw. sogar ex ante zu erfolgen hat. Dies war im Verbundprojekt der Fall. Damit ist die Voraussetzung für die Arbeitsfähigkeit einer Einkaufskooperation geschaffen. Die Struktur bildet gemeinsam mit dem Zielsystem den Orientierungsrahmen für die Kooperationspartner.

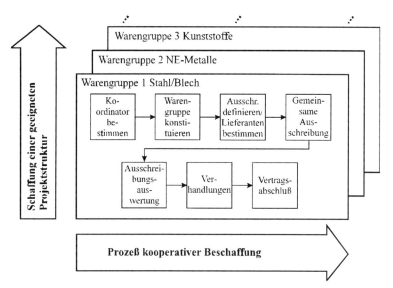

Abb. II-8: Struktur und Prozeß von Einkaufskooperationen
(Quelle: ARNOLD 1996a, S. 50)

2.3.1 Strukturalternativen für Einkaufskooperationen

Bereits bei den Überlegungen zu einem Beschaffungs-Fit wurde auf die besondere Bedeutung kompatibler Beschaffungsobjekte für eine Einkaufskooperation hingewiesen. Für die Errichtung einer arbeitsfähigen Struktur ist dies insofern von Bedeutung, als diese dann zugleich auch die Beschaffungsobjekte strukturiert. Dadurch wird das Kern-Projektteam in die Lage versetzt, den Prozeß kooperativer Beschaffung zielgerichtet durchzuführen.

Das Konzept der *Warengruppe* ist als Objektstrukturierungsinstrument besonders geeignet. Es zeichnet sich wie folgt aus (vgl. ARNOLD/EßIG 1997, S. 77 f.):

- Jede Warengruppe umfaßt einen genau festgelegten Materialbedarf. Die Konkretisierung des Materialbedarfs ist dabei einerseits abstrakt und umfassend genug, um eine möglichst große Zahl an Einzelbedarfen der Kooperationspartner abzudecken, andererseits aber eng genug, um die Abgrenzung zu anderen Warengruppen zu ermöglichen.

- Diese Abgrenzung ist zudem Grundvoraussetzung für eine arbeitsteilige Organisation der Projektarbeit. Für jede Warengruppe konnte eine eigene, im Rahmen der Einkaufskooperation institutionalisierte Arbeitsgruppe, bestehend aus Mitgliedern des Kern-Projektteams und Einkäufern der Kooperationspartner gebildet werden. Die einzelnen Kooperationspartner beteiligten sich nur an jenen Warengruppen, die ihrem Bedarf entsprachen oder für sie wichtig waren. Für die Arbeitsfähigkeit einer Einkaufskooperation mit vielen Kooperationspartnern ist dies ein wichtiger Organisationsaspekt.

Die Schaffung einer für die gemeinsame Bearbeitung geeigneten Warengruppenstruktur erfordert im Vorfeld sorgfältige und detaillierte Überlegungen hinsichtlich der Bündelungsfähigkeit der Einkaufsvolumina sowie der möglichen, anzustrebenden Synergieeffekte. Im konkreten Fall des Verbundprojektes legte die Projektleitung einen von ihr erarbeiteten Vorschlag vor (vgl. ARNOLD/VOEGELE 1995, S. 19 ff.). Dieser basierte auf einer Erhebung der Materialbedarfe mit den dazugehörigen Volumina bei allen Kooperationspartnern. Im Ergebnis wurden 29 Warengruppen definiert, die zusätzlich entsprechend der jeweiligen Bedeutung bzw. des jeweiligen Volumens mit einer Priorität versehen wurden (vgl. Abb. II-9). Jeder Kooperationspartner entschied sich für die Teilnahme an den für ihn besonders relevanten Warengruppen. So wurde gewährleistet, daß von Anfang an auf die Erzielung von Bündelungs- und Synergieeffekten hingearbeitet werden konnte. Auch die Einberufung von Sitzungen erfolgte i.d.R. auf Warengruppenebene. Die weitere Detaillierung der zunächst nur relativ grob abgegrenzten Warengruppen wird in Schritt 2 des Prozesses kooperativer Beschaffung beschrieben.

1 Stahl/Blech	16 DIN- und Normteile (inkl. Lager)
2 NE-Metalle	17 Chemikalien/Oberflächenbehandlung
3 Kunststoffe	18 Werkzeuge
4 Gußteile	19 Betriebsstoffe
5 Zerspanungsteile	20 Schweißmaterial
6 Stanz-, Zieh- und Biegeteile	21 Verpackung
7 Schmiedeteile	22 Transport
8 Fließpressteile	23 Arbeitsschutz
9 Sinterteile (Metall)	24 Entsorgung
10 Elektro- und Elektronikbauteile	25 Bürobedarf
11 Elektromaterialien/-bedarf	26 Druckerzeugnisse
12 Pumpen/Motoren/Elektromotoren	27 Datenverarbeitung
13 Dichtungen	28 Lohnbearbeitung
14 Gummiformteile	29 Dienstleistungen
15 Schläuche	

Abb. II-9: Beispielkatalog von Warengruppen
(Quelle: ARNOLD 1994, S. 6 f.)

Wegen der umfangreichen Arbeiten, die im Rahmen des Prozesses kooperativer Beschaffung innerhalb jeder Warengruppe abliefen, wurden die Warengruppen im Fall des Aktionsforschungsprojektes sukzessive in drei Schritten abgearbeitet (vgl. Abb. II-10). Grundlage bildete eine Prioritätenbildung aufgrund von Einkaufsvolumen und erwarteten Ergebnissen. Die gesamte Projektlaufzeit erstreckte sich von Januar 1994 bis September 1995.

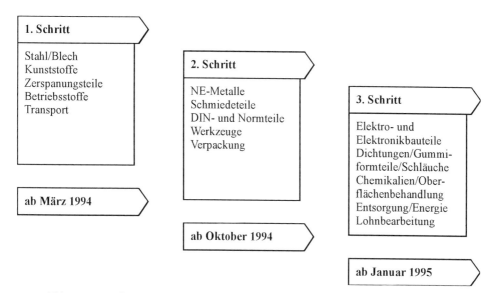

Abb. II-10: Zeitstruktur der bearbeiteten Warengruppen im Forschungsprojekt
(Quelle: ARNOLD/VOEGELE 1995, S. 20)

Insgesamt wurden so fünfzehn Warengruppen aktiv bearbeitet. Das als „prinzipiell bün-
delungsfähig" in die Kooperation eingebrachte Einkaufsvolumen betrug 456 Mio. DM.
Abb. II-11 macht deutlich, daß mit jedem Schritt der aktiv bearbeitete Anteil an diesem
Einkaufsvolumen von 38% (1. Schritt) über 63% (2. Schritt) auf 86% (3. Schritt) gestei-
gert werden konnte. Das Verbundprojekt beschäftigte sich insgesamt mit einem Einkaufsvolumen der beteiligten Unternehmen von ca. 392 Mio. DM.

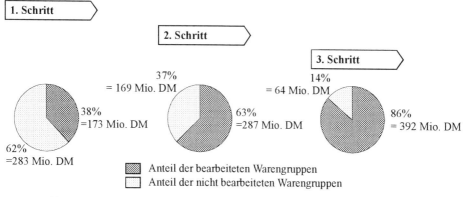

Abb. II-11: Umfang der bearbeiteten Warengruppen im Forschungsprojekt
(Quelle: ARNOLD/VOEGELE 1995, S. 21)

2.3.2 Der Prozeß kooperativer Beschaffung

Der Prozeß kooperativer Beschaffung beschreibt die Bewältigung von Beschaffungsaktivitäten in Einkaufskooperationen. Dieser Vorgang wird in sieben einzelne Prozeßschritte
untergliedert. Die Abgrenzung der einzelnen Schritte ist gedanklicher Art und hilfreich
für eine analytische Durchdringung der Durchführungsphase. Der Prozeß wurde aufgrund der Projekterfahrungen in allgemeingültiger Form entwickelt und generalisiert; bei
der konkreten Umsetzung müssen situative Einflußfaktoren berücksichtigt werden. Im
einzelnen stellen sich die sieben Prozeßschritte wie folgt dar:

(1) Bestimmung eines Koordinators (federführender Einkäufer)

(2) Konstituierung der Warengruppe (falls erforderlich: Bildung von Unterwarengrup-
     pen)

(3) Definition der Ausschreibungspakete und Bestimmung geeigneter Lieferanten

(4) Durchführung der gemeinsamen Ausschreibung

(5) Ausschreibungsauswertung

(6) Verhandlungen mit Lieferanten

(7) Vertragsabschluß

Im folgenden werden die einzelnen Prozeßschritte und ihre Teilaufgaben genauer beschrieben:

(1) Bestimmung eines Koordinators

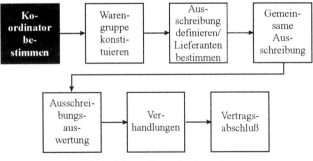

Abb. II-12: Prozeßschritt 1

Damit die Waren- bzw. Arbeitsgruppen ihre Arbeit aufnehmen können, ist die Benennung eines verantwortlichen Leiters oder Sprechers erforderlich (vgl. ARNOLD/EßIG 1997, S. 81 f.). Dieser nimmt eine wichtige Führungsfunktion wahr, weil er Know-how zusammenführen und unterschiedliche Experten mit verschiedenartigem Erfahrungshintergrund zur Zusammenarbeit motivieren muß. Man kann den *Koordinator* als eine Art „Steuermann" verstehen. Dieser sollte sich nicht durch autoritäres, sondern durch kooperatives Führungsverhalten auszeichnen. Der Koordinator muß über eine ausgeprägte Integrationsfähigkeit verfügen.

Im einzelnen ist hinsichtlich des Koordinators, seinen Aufgaben und seiner Auswahl folgendes zu beachten:

- Der Koordinator trägt die *Gesamtverantwortung* für eine Warengruppe gegenüber dem Lenkungsausschuß eines Einkaufskooperationsprojektes. Dazu gehört auch die Berichtspflicht. Seine Stellung entspricht insofern der eines „Leiters" der objektspezifisch abgegrenzten Einkaufsabteilung (vgl. ARNOLD 1997, S. 208 f.).

- Der Koordinator ist immer ein *Einkäufer* bzw. *Einkaufsleiter* aus dem Kreis der Kooperationspartner. Da die Warengruppe eine Arbeitsgruppe darstellt, muß er mit den einzelnen Phasen des (kooperativen) Beschaffungsprozesses vertraut sein. Die Warengruppen müssen in allen Phasen des Prozesses betreut werden.

- Der Koordinator bzw. das Unternehmen, dem er entstammt, sollte möglichst den größten Bedarf innerhalb der zu koordinierenden Warengruppe haben (sog. lead user-Konzept). Jeder Kooperationspartner ist auf die Stärke der jeweils anderen in einer bestimmten Warengruppe angewiesen („win-win"-Situation). So ist es möglich, die Warengruppe zu einem *Objekt-* und *Markt-Kompetenzzentrum* auszubauen. Erreicht wird dies dadurch, daß bei der Verabschiedung einer Warengruppenstruktur zugleich auch jeweils der Koordinator bestimmt wird. Insofern ist die Objekt-ABC-Analyse, die die prioritären Warengruppen ermittelt, um eine partnerspezifische ABC-Analyse zur Bestimmung der Koordinatoren zu ergänzen.

- Grundsätzlich wird der Koordinator auf Vorschlag der Projektleitung (basierend auf erwähnter partnerspezifischer ABC-Analyse) vom Lenkungsausschuß bestellt.

- Jeder Kooperationspartner sollte in etwa die gleiche Arbeitsbelastung bei der Betreuung von Warengruppen als Koordinator haben. So wird gewährleistet, daß alle Partner aktiv in die Kooperation eingebunden werden. Andererseits darf der beträchtliche Aufwand, den die Koordinatorentätigkeit verursacht, nicht unterschätzt werden. Im vorgestellten Forschungsprojekt lag der Anteil des Zeitaufwandes für Koordination, den die beteiligten Einkaufsleiter für das Projekt zu tragen hatten, bei durchschnittlich über 10%, in Einzelfällen sogar bei 25% des gesamten Zeitbudgets, das den Kooperationsaktivitäten gewidmet wurde. Abb. II-13 zeigt, daß in dem Aktionsforschungsprojekt die gleichmäßige Arbeitsbelastung weitgehend gewährleistet werden konnte. Außer U11 waren alle übrigen Partner Koordinatoren für mindestens eine Warengruppe.

Koopera-tionspartner	Koordinatorenfunktion für Warengruppe
U1	Zerspanungsteile Schläuche/Gummiformteile/Dichtungen
U2	DIN- und Normteile
U3	Verpackung
U4	Kunststoffe
U5	Transport Entsorgung/Energie
U6	Betriebsstoffe
U7	NE-Metalle
U8	Schmiedeteile
U9	Werkzeuge
U10	Stahl/Blech
U11	-
U12	Elektro- und Elektronikbauteile Lohnbearbeitung
U13	Chemikalien/Oberflächenbehandlung

Abb. II-13: Koordinatoren am Beispiel des Forschungsprojektes

(2) Konstituierung der Warengruppe

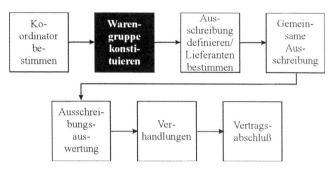

Abb. II-14: Prozeßschritt 2

Mit der *Konstituierung* begann die aktive Arbeit im Rahmen einer Warengruppe (vgl. ARNOLD/VOEGELE 1995, S. 25 ff.).

Ziel dieses Prozeßschrittes ist eine detaillierte Untergliederung der Materialbedarfe der Kooperationspartner. Dabei sollte eine Konzentration auf Bedarfsgruppen mit folgenden Merkmalen erfolgen:

- Hohe Bedeutung für eine möglichst große Zahl der Kooperationspartner,

- möglichst große Homogenität zwischen den einzelnen Bedarfen der Partner, um Skaleneffekte durch Volumenbündelung erreichen zu können und

- möglichst gute Eignung zur Erreichung der mit dem Projekt verbundenen Zielsetzungen.

Eine für die weitere Untergliederung der Objektbedarfe geeignete Gliederungssystematik zeigt insgesamt vier Ebenen:

- Warengruppe

- Unterwarengruppe

- Materialgruppe

- Untermaterialgruppe

Ab der zweiten Untergliederungsstufe wird darauf verzichtet, diese in Form von Arbeitskreisen des Kern-Projektteams zu institutionalisieren. So wird eine zu weite Ausdifferenzierung der Kooperationsarbeit verhindert. Unabhängig davon, ob alle diese Gliederungsstufen innerhalb der Warengruppen gebildet werden können, bildeten die Einzelbedarfe der Kooperationspartner die Ausgangsbasis der Gliederungssystematik. Beispielhaft wird die Untergliederung anhand der Warengruppe Stahl/Blech in Abb. II-15 verdeutlicht:

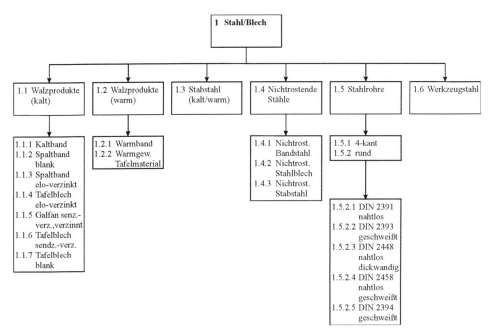

Abb. II-15: Substrukturierung am Beispiel der Warengruppe Stahl/Blech

Die *Konstituierung* erfolgt i.d.R. durch die Einberufung der an der aktiven Bearbeitung einer Warengruppe interessierten Kooperationspartner zu einer ersten gemeinsamen Sitzung. Wie bereits oben dargestellt, erfolgte die Arbeitsaufnahme im Forschungsprojekt nicht simultan in allen neunundzwanzig Warengruppen. Bei der Konstituierung der Warengruppen der zweiten Einkaufsrunde konnten zuvor gemachte Erfahrungen genutzt werden. Dieser von den vorausgegangenen Projektaktivitäten ausgelöste *Erfahrungskurveneffekt* war Ursache dafür, daß die Zahl der notwendigen Abstimmungssitzungen und damit der Zeitaufwand der Projektpartner spürbar reduziert werden konnte.

Im einzelnen sehen die modifizierten Abläufe folgendermaßen aus: Die erste Sitzung einer Warengruppe diente der Festlegung des für ein gemeinsames Vorgehen benötigten Datenumfangs. Von der Projektleitung wurde gemeinsam mit dem Koordinator ein Fragebogen entwickelt, um die für eine gemeinsame Vorgehensweise (Ausschreibung) benötigten Daten bei den teilnehmenden Unternehmen zu erfassen. Dies geschah nach der ersten konstituierenden Sitzung. Die so bei den Kooperationspartnern erhobenen Daten wurden (i.d.R. von der Projektleitung) ausgewertet, aggregiert und dem Koordinator zur Verfügung gestellt. In einer nächsten Sitzung konnten dann auf Vorschlag des Koordinators die endgültigen Ausschreibungspakete definiert und Lieferanten ausgewählt werden (Prozeßschritt 3).

Diese relativ zeitaufwendige Prozedur konnte bereits bei den Warengruppen der zweiten Einkaufsrunde vermieden werden (vgl. Abb. II-16). Die Koordinatoren wurden von der Projektleitung gebeten, den Datenbedarf bereits ex ante mit Hilfe eines entsprechenden Erfassungsbogens vorzustrukturieren. So waren bereits zur ersten Sitzung die einzelnen Materialbedarfe erfaßt, auf deren Grundlage dann ein Vorschlag zur Schwerpunktbildung (Unterwarengruppen) erarbeitet werden konnte.

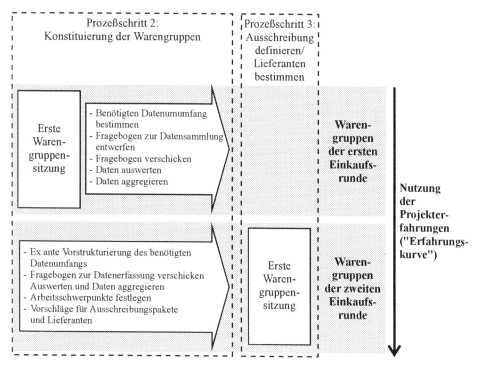

Abb. II-16: Erfahrungskurve der Warengruppenkonstituierung
(Quelle: ARNOLD/VOEGELE 1995, S. 27)

(3) Definition der Ausschreibungspakete und Bestimmung geeigneter Lieferanten

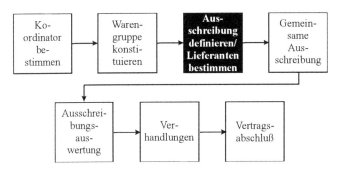

Abb. II-17: Prozeßschritt 3

Die Vorarbeit zur Definition der Ausschreibungspakete erfolgte im Rahmen des vorher-
gehenden Prozeßschrittes 2 (vgl. ARNOLD/VOEGELE 1995, S. 29 ff.). Die für eine Ausschreibung notwendigen Daten über die Beschaffungsobjekte der Kooperationspartner
(bspw. Mengengerüst, benötigte Qualitäten, Abruflose usw.) wurden dabei schon erfaßt.
Dies geschieht i.d.R. mit Hilfe tabellarisch gestalteter Erfassungsbögen. Die Nutzung
moderner Informations- und Kommunikationstechnologien führt in dieser Phase zu Ra-
tionalisierungsmöglichkeiten. Direkte Übermittlung der benötigten Daten von EDV-
System zu EDV-System via Datenfernübertragung (DFÜ) ist eine effizienzsteigernde
Form der Informationsübertragung. Die für derartige Verkoppelungen notwendigen
Voraussetzungen sind jedoch (noch) nicht bei allen Unternehmen gegeben. So fehlt neben der erforderlichen Hardwareausstattung (Telekommunikationsnetze, Modems zur
Kopplung) häufig prinzipiell eine DV-gestützte Datenbasis im Beschaffungsbereich. Die
dazu notwendigen Investitionen lohnen sich nur, wenn eine langfristige Kooperation
bspw. in Form einer Einkaufsgesellschaft verwirklicht werden kann. Gerade Standardisie-
rungsbemühungen im Bereich des Electronic Data Interchange (EDI, vgl. WEID 1995)
und ein zunehmender Preisverfall bei EDV-Hardware läßt zukünftig größeren Spielraum
für eine direkte informationstechnische Kopplung der Partner einer Einkaufskooperation.

Die erfaßten und aggregierten Bedarfsdaten der Kooperationspartner konnten durchweg
unverändert für eine Ausschreibung genutzt werden, zumal die Schwerpunktbildung innerhalb der Warengruppe auf Vorschlag des Koordinators zuvor erfolgte.

Im Mittelpunkt jeder Volumenbündelung stehen immer die angestrebten Skaleneffekte. Durch Aggregation von Einzelbedarfen erhalten Lieferanten die Möglichkeit, größere Lose zu fertigen und zu liefern. Die dadurch mögliche Kostensenkung kann an die Kunden, also die Kooperationspartner, weitergegeben werden. Gleichartigkeit („relative" Homogenität) der Beschaffungsobjekte ist die notwendige Bedingung für eine Bündelung. Diese Prämisse ist im Falle von Modular Sourcing regelmäßig *nicht* gegeben. Module oder Systeme sind i.d.R. hochspezifische Inputfaktoren, die in enger Zusammenarbeit zwischen einem Käufer und seinem Lieferanten gestaltet werden (vgl. ARNOLD 1997, S. 100 ff.). Trotzdem kann es in Einzelfällen möglich sein, die Designspezifika weitgehend auf Aspekte der äußeren Form zu beschränken und die Funktionalität zu homogenisieren. So ist es denkbar, komplette Cockpitmodule für den Fahrzeugbau kooperativ zu beschaffen, indem lediglich die Gestaltung von Oberflächen und Bedienelementen variiert wird.

Die Bestimmung der Lieferanten, die im Rahmen der Ausschreibung berücksichtigt werden sollen, bildet den zweiten Schwerpunkt im Rahmen dieses Prozeßschrittes. Die Mitglieder einer Warengruppe stellten gewissermaßen ein Einkaufs-Kompetenzzentrum dar. Auf diese Weise können viel mehr Lieferanten berücksichtigt werden, als dies bei individuellem Vorgehen der einzelnen Kooperationspartner möglich wäre. So ist es zudem möglich, den Aktionsradius der Beschaffung auch auf ausländische Märkte auszudehnen (global sourcing, vgl. ARNOLD 1990).

(4) Durchführung der gemeinsamen Ausschreibung

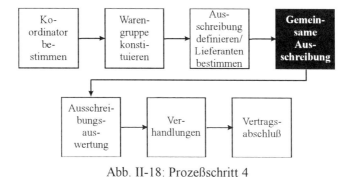

Abb. II-18: Prozeßschritt 4

Eine *Ausschreibung* definiert die genauen Anforderungen, die an einen Lieferanten und an die von ihm geforderte Leistung gestellt werden. Dazu gehören zwei Teilbereiche:

(1) Der erste Teil umfaßt die Spezifikationen der Objektbedarfe. Dazu gehört die Festlegung der Materialart, Qualität, Bedarfsmengen, Abruflose usw. Grundlage dafür bilden die in Prozeßschritt 2 und 3 erhobenen Daten.

(2) Der zweite Teil bestimmt die Anforderungen, die ein Lieferant als Transaktionspartner erfüllen muß. Dazu gehören Aspekte wie bspw. Produktionskapazitäten, ISO 9000 ff.-Zertifizierung, F&E-Fähigkeit. Die bereits vorangegangene Bestimmung von Zusatzanforderungen für ein Ausschreibungspaket und die quantitative Eingrenzung der Lieferanten im Prozeßschritt 3 schaffen die erforderlichen Vorarbeiten dazu.

Gemeinsame Ausschreibungen der Einkaufskooperation umfassen also vorab detailliert definierte Lieferantenanforderungen. Der Schwerpunkt liegt dabei auf den Objektanforderungen, während Zusatzanforderungen bereits bei der Lieferanteneingrenzung berücksichtigt wurden und i.d.R. dann erst wieder Gegenstand der Verhandlungsprozesse werden. Die Objektanforderungen müssen von den bzw. dem Lieferanten in allen Punkten erfüllt werden. Ist diese Bedingung erfüllt, dann bildet der Preis das entscheidende Kriterium beim Vergleich der auf eine Ausschreibung hin eingegangenen Angebote (vgl. ARNOLD 1997, S. 183).

Im Rahmen des Aktionsforschungsprojektes wurden zwölf gemeinsame Ausschreibungen durchgeführt (vgl. Abb. II-19). Der große Umfang der einzelnen Ausschreibungen zeigt den erheblichen Zeit- und Arbeitsaufwand, der mit ihrer Erstellung verbunden war (vgl. ARNOLD/VOEGELE 1995, S. 34 f.). Der Koordinator erstellte i.d.R. in Zusammenarbeit mit der Projektleitung die erforderlichen Ausschreibungsunterlagen. Die Ausschreibung erfolgte unter dem Namen des koordinierenden Kooperationspartners. Auf die Kooperation wurde hingewiesen. Die Namen der anderen beteiligten Unternehmen wurden normalerweise jedoch erst bei den sich anschließenden Verhandlungen genannt. Durch die einmalige Durchführung der Ausschreibung seitens eines Kooperationspartners konnten Doppelarbeiten vermieden werden, zumal die Ergebnisse allen anderen Partnern mitgeteilt wurden (Prozeßschritt 5). Die Prozeßeffizienz wird durch Spezialisierung einer einzelnen Beschaffungsaufgabe erhöht. Neben dem Objekt- und Markt-Kompetenzzentrum (Warengruppe) entstand beim jeweiligen Koordinator bzw. der Projektleitung ein *Verfahrens-Kompetenzzentrum*.

Warengruppe	Ausschreibung	Umfang
Stahl/Blech	Kaltband	80 Einzelpositionen an 19 Lieferanten
	Stahlrohre	95 Einzelpositionen an 12 Lieferanten
NE-Metalle	Aluminium-Bänder unplattiert	62 Einzelpositionen an ca. 10 Lieferanten
Kunststoffe	Kunststoffgranulate	250 Einzelpositionen an 6 Lieferanten
Zerspanungsteile	Zerspanungsteile	150 Einzelpositionen an 26 Lieferanten
Schmiedeteile	Schmiedeteile	20 Einzelpositionen an ca. 5 Lieferanten
Betriebsstoffe	Technische Gase	35 Teilepositionen an 13 Lieferanten
DIN- und Normteile	Abstands-, Sicherungs- und Verbindungselemente	302 Einzelpositionen an 9 Lieferanten
Verpackung	Wellpappe in Rollen	19 Einzelpositionen an 3 Lieferanten
Transport	Inland	81 Seiten mit detaillierter Einzelsendungsauf- schlüsselung an 47 Speditionen/ Transportdienstleister
	Ausland	20 Destinationen an 30 Speditionen/ Trans- portdienstleister
	Luftfracht	14 Destinationen an 9 Luftfrachtspediteure

Abb. II-19: Ausschreibungen des Forschungsprojektes
(Quelle: ARNOLD/VOEGELE 1995, S. 34)

(5) Ausschreibungsauswertung

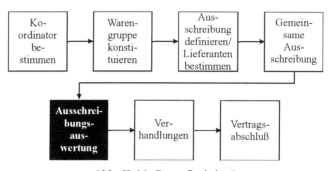

Abb. II-20: Prozeßschritt 5

Die Durchführung einer gemeinsamen Ausschreibung ist nur dann sinnvoll, wenn anschließend alle beteiligten Kooperationspartner über die Ergebnisse vollständig informiert werden. Der Koordinator registrierte den Eingang der Angebote, sammelte sie und leitete diese an die Projektleitung, ggf. auch direkt an die Kooperationspartner weiter. Die dann erarbeiteten Angebotsauswertungen enthielten neben den Angebotskonditionen auch die bisherigen Preise der Kooperationspartner. Mit Hilfe dieser Informationen konnte jeder Kooperationspartner seine eigene preisliche Situation mit der der anderen Kooperationspartner und mit den eingegangenen Angebotspreisen vergleichen ("Benchmarking").

(6) Verhandlungen mit Lieferanten

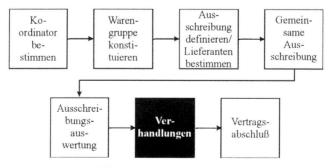

Abb. II-21: Prozeßschritt 6

Zwischen Angebot und Vertragsabschluß steht die Verhandlung mit dem oder den potentiellen Lieferanten. Angebots- und Verhandlungsphase gehen oft fließend ineinander über. Häufig wird bereits vor der Abgabe eines Angebots durch den Lieferanten nachgefragt, um noch unklare Punkte der Ausschreibung zu ergänzen bzw. die Chancen für einen Zuschlag bereits vorab auszuloten. Die Projekterfahrungen belegen verschiedene Vorgehensweisen (vgl. ARNOLD/VOEGELE 1995, S. 38 ff.):

- Bei einem heterogen strukturierten Bedarf der einzelnen an der gemeinsamen Ausschreibung beteiligten Kooperationspartner ist eine gemeinsame Verhandlung häufig nicht sinnvoll. Dies war im Anwendungsfall bei den Warengruppen Stahl/Blech, Zerspanungsteile und NE-Metalle der Fall; statt dessen wurden Einzelverhandlungen zwischen den Lieferanten und jedem Kooperationspartner individuell geführt. Lediglich bei der Bearbeitung von Auslandsmärkten (Osteuropa) im Rahmen des global sourcing wurde für ausgewählte Referenzartikel gemeinsam verhandelt (Zerspanungsteile).

- Verhandlungen stellvertretend für alle Kooperationspartner durch einen oder mehre Vertreter (Koordinator) stellt eine weitere Möglichkeit dar. Sie erweist sich als „Standardlösung" bei Einkaufskooperationen. Selbstverständlich kann diese gemeinsame Verhandlung durch individuelle Verhandlungen ergänzt werden. So wurde im Forschungsprojekt bspw. in der Warengruppe Transport verfahren. Ein umfangreiches Lastenheft wurde dem zukünftigen, gemeinsam beauftragten Spediteur von den Kooperationspartnern zugestellt. Es enthielt Zusatzdienstleistungen, unter anderem die Anbindung via Datenfernübertragung. Da diese Dienstleistungen unterschiedlich benötigt wurden, mußten zusätzlich individuelle Einzelverhandlungen geführt werden.

- Es kann auch der Fall eintreten, daß sich Anbieter weigern, ein Angebot für eine Einkaufskooperation abzugeben. Dies ist insbesondere bei stark oligopolistisch geprägten Märkten mit nur wenigen Anbietern der Fall. Individuelle Verhandlungen sind dann unumgänglich. Zu deren Vorbereitung ist es jedoch sinnvoll, den Austausch von Einkaufskonditionen und -preisen zu veranlassen. Das stärkt die individuelle Verhandlungsposition (Hinweise auf die besseren Konditionen anderer Käufer/Kooperationspartner).

- Weitreichende Konsequenzen sind mit der möglichst frühzeitigen Einbindung des Lieferanten in gemeinsame Verhandlungen über das Beschaffungsobjekt verbunden (early supplier involvement). Konkret wurde innerhalb der Warengruppe Kunststoffe der Versuch unternommen, durch Nutzung des Zulieferer-Know-hows auf kostengünstigere Materialien umzustellen (Materialsubstitution). Dies ist nur durch einen gemeinsamen Entwicklungsprozeß zwischen der Kooperation (Abnehmer) und den Zulieferern möglich (simultaneous engineering), erhöht allerding signifikant den Komplexitätsgrad einer Kooperation.

ARNOLD/EßIG (1997, S. 89 ff.) sehen vier alternative Verhandlungsstrategien für Einkaufskooperationen (vgl. Abb. II-22):

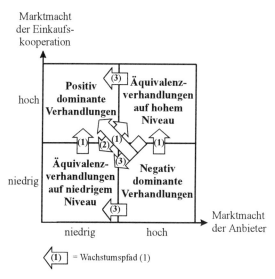

Abb. II-22: Verhandlungsstrategien für Einkaufskooperationen
(Quelle: ARNOLD/EßIG 1997, S. 89)

Ist die Marktmacht von Anbieter und Einkaufskooperation (Nachfrager) jeweils gering, ergeben sich Äquivalenzverhandlungen auf niedrigem (Volumen-)Niveau. Beide Marktseiten stehen sich gleichgewichtig gegenüber. Das verhandelte Volumen ist jedoch - bezogen auf die Größe des Gesamtmarktes - eher gering. Bei einem hohen verhandelbaren Einkaufsvolumen und einer ebenfalls starken Position des Anbieters sprechen wir von Äquivalenzverhandlungen auf hohem (Volumen-)Niveau.

Gelingt es der Einkaufskooperation, durch den Zusammenschluß der Kooperationspartner deutlich stärker als die Marktgegenseite (einzelne Anbieter) zu werden, liegt der Fall positiv dominanter Verhandlungen vor, da die Verhandlungsmacht der Kooperation dies ermöglicht. Gänzlich unbefriedigend aus Kooperationssicht ist es jedoch, wenn die Bündelung von Beschaffungsaktivitäten in einer Einkaufskooperation letztlich nur eine geringfügige Verbesserung der Marktmacht schafft, die weiterhin der Anbieterseite deutlich unterlegen ist (negativ dominante Verhandlungen).

Aus diesem Grund zeigt Abb. II-22 auch drei Orientierungsrichtungen auf:

- Durch die Aufnahme neuer Mitglieder in die Einkaufskooperation [Pfad (1)] kann es den Kooperationspartnern gelingen, ihr gemeinsames Marktvolumen so zu erhöhen, daß sie entweder von negativ dominanten zu Äquivalenzverhandlungen auf hohem Niveau bzw. positiv dominanten Verhandlungen oder von Äquivalenzverhandlungen auf niedrigem Niveau zu positiv dominanten Verhandlungen wechseln. Da dieser Pfad von der Einkaufskooperation durch Mitgliederaufnahme selbst gesteuert werden kann, wird er als *aktiver* Wachstumspfad bezeichnet.

- Gleichzeitig ist aber zu befürchten, daß zumindest längerfristig sich auch die Anbieter zu einer Kooperation zusammenschließen bzw. gar fusionieren, um ein ähnliches Größenwachstum wie die Einkaufskooperation zu erreichen und Gegenmacht aufzubauen. So wird letztlich wieder eine Patt-Situation, nämlich die Äquivalenzverhandlung - nun allerdings auf hohem Niveau, erreicht. Der Pfad (2) umfaßt gegenüber Pfad (1) also eine Reaktion der Marktgegenseite und wird als Patt-Wachstumspfad bezeichnet.

- Natürlich ist es auch möglich, daß zumindest längerfristig durch das Eintreten neuer Lieferanten in den Markt die Marktmacht der konkurrierenden Anbieter sinkt. Damit wird es für die Einkaufskooperation möglich, zunächst ohne eigenes Zutun entweder Äquivalenzverhandlungen auf niedrigem Niveau oder gar positiv dominierte Verhandlungen zu erreichen. Pfad (3) wird deshalb auch als passiver Wachstumspfad bezeichnet. Längerfristig hat eine Einkaufskooperation natürlich die Möglichkeit, im Wege der Lieferantenförderung die Struktur der Anbieterseite zu beeinflussen, in dem neue Anbieter zum Markteintritt stimuliert werden.

(7) Vertragsabschluß

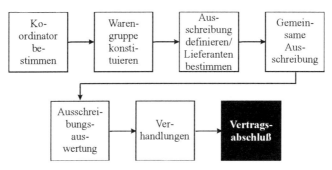

Abb. II-23: Prozeßschritt 7

Am Ende des Beschaffungsprozesses steht der Vertragsabschluß zwischen den Abneh-
mern (Einkaufskooperation bzw. Kooperationspartner) und einem Lieferant. Im konkreten Forschungsprojekt beinhaltete der Projektcharakter dieser Einkaufskooperation eine
zeitliche Befristung. Zudem hatte die Einkaufskooperation keine eigene Rechtspersönlichkeit. Aus diesem Grund wurden praktisch in jedem Fall (also auch bei gemeinsam
durchgeführten Verhandlungen) *Einzelverträge* zwischen dem Zulieferer und jedem Kooperationspartner geschlossen. Bei bilateralen Kontakten zwischen zwei Kooperationspartnern übernahm in Ausnahmefällen auch ein Unternehmen die Handelsfunktion für
den anderen Käufer (Kooperationspartner). Dabei lief die gemeinsame Bestellung direkt
über ein Unternehmen, das die Materialien dann an den anderen Kooperationspartner zu
den günstigen Konditionen weiterlieferte.

Gemeinsame rechtsverbindliche Verträge scheinen nur dann möglich, wenn eine dauer-
hafte Einkaufsorganisation als eigenständiges Rechtssubjekt geschaffen wird. Dies kann
beispielsweise in der Form der Gründung einer Einkaufsgesellschaft erfolgen.

2.4 Kontrolle von Kooperationsaktivitäten

Im Rahmen der *Kontrollphase* des Managementprozesses wird der Kooperationserfolg gemessen. Allerdings sind die Erfolgsdimensionen sehr vielschichtig und deshalb nur schwer zu erfassen (Abschnitt 2.4.1). Beispielhaft wird dies unter Bezug auf das Aktionsforschungsprojekt verdeutlicht und die ermittelten Projektergebnisse dargestellt (Abschnitt 2.4.2).

2.4.1 Probleme bei der Messung des Kooperationserfolges und Ansätze zu ihrer Lösung

Der Erfolg einer Einkaufskooperation ist das Ergebnis der Arbeit in den verschiedenen formal festgelegten Warengruppen. Neben dieser *direkten* Wirkungsbeziehung gibt es auch *indirekte* Effekte, die sich bspw. aus den möglichen bilateralen Kontakten zwischen einzelnen Kooperationspartnern ergeben (vgl. Abb. II-24). Die indirekten Auswirkungen können von der Projektleitung nicht systematisch beobachtet werden.

Der direkte Kooperationserfolg ist nur teilweise monetär bewertbar. Vergleichsweise einfach und direkt ist es möglich, die Artikelpreise vor und nach der Durchführung kooperativer Einkaufsaktivitäten zu vergleichen und Abweichungen festzustellen. Diese können ggf. von der Artikel- über die Unterwarengruppen- bis zur Warengruppenebene aggregiert werden.

Zum nicht monetär bewertbaren, direkten Kooperationserfolg zählen insbesondere Technologieanregungen, Prozeßverbesserungen und die bessere Informationsversorgung. Technologische Anregungen aus dem Kooperationsprojekt betreffen die Wahl alternativer Inputfaktoren (Materialsubstitution), aber auch fertigungstechnologische Veränderungen mit Auswirkungen auf die Materialsortimente. Im Zusammenhang mit den Warengruppensitzungen konnten die Kooperationspartner die verschiedenen Betriebseinrichtungen besichtigen. Dabei wurden technologische Anregungen, Rationalisierungshinweise und Investitionshinweise vermittelt. Die Effizienz der Beschaffungsprozesse selbst (Beschaffungsmarktforschung, Lieferantensuche und -bewertung, Ausschreibungen, Verhandlungen usw.) sowie die der logistischen Aktivitäten in den kooperierenden Unternehmen konnten durch Know-how-Austausch ebenfalls verbessert werden.

I. Direkter Kooperationserfolg

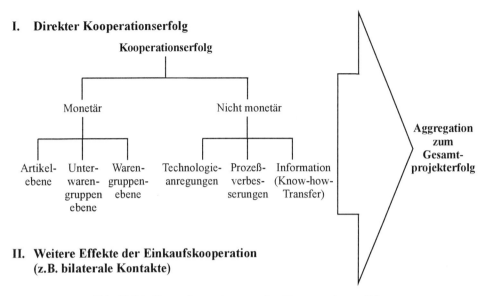

Abb. II-24: Hauptdeterminanten des Kooperationserfolges

Marktliches, ökonomisches und technologisches Know-how standen im Mittelpunkt des im Rahmen des Projekts durchgeführten Informationsaustausches. Obwohl die daraus resultierenden Informationen letztlich auch Kostensenkungen bewirkten, ist eine direkte monetäre Bewertung dieser Effekte nicht möglich. Andere Wege der Erfolgsermittlung mußten beschritten werden.

Bei der Erfolgsmessung muß grundsätzlich zwischen Ergebnis- und Prozeßkontrolle unterschieden werden (vgl. ARNOLD/EßIG 1997, S. 93):

(1) Die *Ergebniskontrolle* setzt an einer direkten Messung der Ergebnisse einer Einkaufskooperation an. Sie ist insofern zeitpunktbezogen, als sie die Resultate am Ende des Subprozesses „Durchführung" mit den Soll-Werten vergleicht. Dazu können bspw. die (in Schritt 7 des kooperativen Beschaffungsprozesses) realisierten Konditionen mit einem Vorgabewert verglichen werden. Im Rahmen des Regelkreismodells erfolgt eine eher statische Kontrolle der aus der Durchführungsphase gewonnenen Werte. Die Ergebniskontrolle ist eine Effizienzkontrolle („doing the things right", vgl. STEINMANN/SCHREYÖGG 1993, S. 344).

(2) Dagegen stellt die *Prozeßkontrolle* die Richtigkeit des eingeschlagenen Weges einer Einkaufskooperation generell in Frage und ist somit eine Effektivitätskontrolle („doing the right things"). Dazu wird die Kooperationsstruktur und die Teilprozese

während der Kooperation beständig überprüft. Die Ist-Werte werden also fortlaufend gewonnen und mit den Zielvorgaben (Soll-Werten) verglichen.

Im Hinblick auf diese Kontrollarten wurde im Rahmen des Forschungsprojektes ein *Vier-Ebenen-Modell der Erfolgsmessung für Einkaufskooperationen* entwickelt. Dieses orientiert sich am *Strukturierungsgrad*, d.h. an den Dimensionen Detaillierungsgrad, quantitative Meßbarkeit und Kontrollhäufigkeit (vgl. ARNOLD/EßIG 1997, S. 100):

- Als *Detaillierungsgrad* bezeichnet man das Ausmaß der Aggregation, mit dem die Objekte der Erfolgskontrolle erfaßt werden. Für einen einzelnen Artikel eines Beschaffungsprogramms lassen sich bspw. die Eigenschaften „Preis" oder „Werkstoffbeschaffenheit" konkret darstellen. Folglich hat eine Kontrolle des Kooperationserfolges mit Hilfe des Artikelpreises (vorher/nachher) einen hohen Detaillierungsgrad. Demgegenüber setzt sich - wie oben ansatzweise dargestellt - bspw. der Gesamtnutzen eines Kooperationsprojekts aus einer Vielzahl von Determinanten zusammen. Notwendigerweise müssen diese Determinanten auf einer höheren Ebene aggregiert werden; entsprechend geringer ist der Detaillierungsgrad.

- Eng damit verknüpft ist die *quantitative Meßbarkeit*. Der Preis eines Einzelartikels wird in Geldeinheiten erfaßt; die quantitative Erfassung ist somit vergleichsweise einfach möglich. Für Nutzenwerte mit anderen Meßdimensionen müssen dagegen Skalen jeweils konstruiert werden, die in der Regel ein niedrigeres, evtl. sogar nur ein nichtmetrisches Niveau aufweisen. Es wird deutlich, daß die Frage der Meßbarkeit eng mit Skalierungsüberlegungen verbunden ist (vgl. BEREKOVEN/ECKERT/ELLENRIEDER 1996, S. 68-85).

- Als dritte Dimension ist die *Kontrollhäufigkeit* zu nennen. Das betrifft im Prinzip auch die Unterscheidung zwischen Ergebnis- und Prozeßkontrolle. Erstere erfolgt zeitpunktbezogen, letztere zeitlich permanent. Entscheidungen über die Kontrollhäufigkeit betreffen demzufolge ein Kontinuum, das Werte zwischen „einmal" und „ständig" annehmen kann. Je höher dieser Wert, desto stärker der Strukturierungsgrad.

Je nach Strukturierungsgrad und Kontrollform unterscheiden wir folgende vier Ebenen des Erfolgsmeßkonzeptes (vgl. Abb. II-25, ARNOLD/EßIG 1997, S. 100 ff.):

Ebene A des Erfolgsmeßkonzeptes ist durch einen hohen Strukturierungsgrad und eine überwiegend ergebnisorientierte Kontrolle gekennzeichnet. Im Rahmen des Forschungsprojektes wurden über 1.100 einzelne Artikelpositionen bearbeitet, so daß aus forschungsökonomischen Gründen eine Selektion erforderlich wurde. Dies geschah, indem

sogenannte Referenzartikel („leading items") definiert wurden. Pro Warengruppe/Unter-
warengruppe wurden jeweils drei leading items ausgewählt, die sich (a) durch eine für die
(Unter-) Warengruppe „typische" Beschaffenheit hinsichtlich ihrer Objekteigenschaften
und (b) durch einen hohen Anteil am Gesamtbedarf in dieser Warengruppe auszeichne-
ten. Als Kontrollgröße diente der in Geldeinheiten (DM) ausgedrückte Einstandspreis.
Als Soll-Wert wurde der niedrigste Preis eines Artikels aus dem Kreis der Kooperationspartner *vor* Kooperationsbeginn bestimmt. Der Ist-Preis ergab sich als Verhandlungser-
gebnis nach Durchführung von Vertragsverhandlungen und nach Vertragsabschluß. Die
Kontrolle erfolgte jeweils nach Abschluß des kooperativen Beschaffungsprozesses innerhalb der betroffenen Warengruppe.

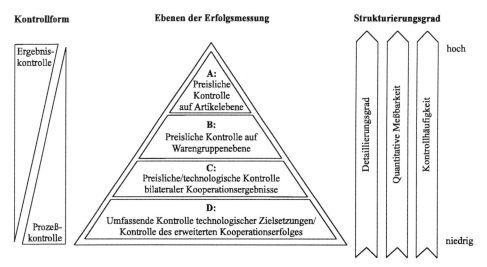

Abb. II-25: Vier-Ebenen-Konzept der Erfolgsmessung
(Quelle: ARNOLD 1995, S. 24, ARNOLD/EßIG 1997, S. 101)

Die *Erfolgsmeßebene B* ist auf der Objektstrukturebene angesiedelt. Für jede Warengruppe wurde ein aggregierter Kontrollwert ermittelt. Kontrollgröße war in diesem Fall
eine Preisniveauskala. Dabei handelt es sich um eine metrische, bipolare Skala mit Zahlenvergabe (vgl. Abb. II-26, BEREKOVEN/ECKERT/ELLENRIEDER 1996, S. 75).

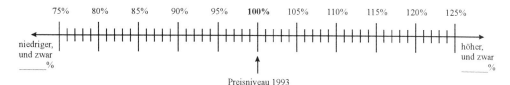

Abb. II-26: Skala Ebene B

Als Soll-Wert (100%) wurde das Preisniveau dieser Warengruppe im Jahr 1993 vorgegeben. Die Ist-Werte der Kooperation wurden durch schriftliche Befragung der betroffenen Unternehmen (Einkaufsleiter als Fachleute) gewonnen. Um exogene Markteinflüsse
auszuschalten, wurde aus externen Quellen (Marktpreisstatistiken, Expertenschätzungen)
das tatsächliche Marktpreisniveau je Warengruppe ermittelt. Der Erfolg wurde hier nicht
aus der Abweichung von Soll- und Ist-Werten ermittelt (Mehr-Perioden-Vergleich), sondern zeitpunktbezogen. Zum Abschluß einer Warengruppe wurde die Differenz von Ist-
Werten und Marktpreisniveau jeweils dargestellt.

Wie bereits angesprochen, besteht der indirekte Kooperationserfolg hauptsächlich aus
der bilateralen Zusammenarbeit von Kooperationspartnern, die sich zusätzlich zur for-
malen Mitwirkung in den Arbeits- bzw. Warengruppen entwickelte. Diese Aktivitäten
sind naturgemäß einer direkten Beobachtung nicht zugänglich. Für die *Ebene C* des Erfolgsmeßkonzeptes, die diese bilateralen Kontakte erfassen sollte, wurde ein umfangreicher Fragebogen entwickelt, um die verschiedenen Formen der Zusammenarbeit (Informationsaustausch, arbeitsteilige Übernahme von Beschaffungsaufgaben, gemeinsamer
Einkauf, gemeinsame technologische Ziele, gegenseitige Abnehmer-Zulieferer-Kontakte,
sonstige Formen) zu erfassen. Dies geschah einmalig am Projektende. Für die Bewertung
der bilateralen Kontakte wurde die in Abb. II-27 dargestellte monopolare Skala mit
Zahlenvergabe und verbaler Extrempunktbeschreibung genutzt.

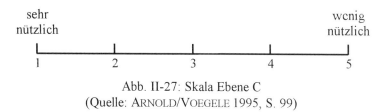

Abb. II-27: Skala Ebene C
(Quelle: ARNOLD/VOEGELE 1995, S. 99)

Alle übrigen bislang noch nicht erfaßten Aspekte des erweiterten Kooperationserfolges sind Gegenstand der *Meßebene D*. Als Erhebungsinstrument diente wiederum ein Fragebogen, den alle Kooperationsteilnehmer schriftlich beantworteten. Neben einigen offenen Fragen kam insbesondere folgende bipolare fünfteilige Skala mit verbaler Umschreibung aller Antwortabstufungen zum Einsatz (vgl. Abb. II-28):

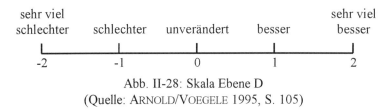

Abb. II-28: Skala Ebene D
(Quelle: ARNOLD/VOEGELE 1995, S. 105)

Die Position 0 kennzeichnet die Situation vor Projektbeginn. Ist-Werte sind die einmalig zu Projektende ermittelten Ergebnisse des Projektverlaufes.

2.4.2 Die Ergebnisse des Verbundprojektes

Eine detaillierte Darstellung der leading items und der Einzelergebnisse der Erfolgsme-ßebene A ist aus Gründen des Vertrauensschutzes der Kooperationspartner an dieser Stelle nicht möglich.

Für die *Ebene B* sind die Ergebnisse in Abb. II-29 dargestellt: Es wird deutlich, daß die Einkaufskooperation Preissteigerungen in den Warengruppen Stahl/Blech, NE-Metalle, Kunststoffe, Zerspanungsteile, Werkzeuge und Verpackung zumindest teilweise recht deutlich abfangen konnte und im Bereich Betriebsstoffe und Transport das gesunkene Marktpreisniveau noch unterschritten hat.

Warengruppe	∅-Wert der Kooperation (Ist-Wert)	Marktpreis-niveau 1993 in % Veränderung gegenüber Vorjahr	Abweichung	Quellen Marktpreisniveau
Stahl/Blech	108 %	115 %	- 7 %	Walzstahl-Vereinigung, Fa. Klöckner Stahlhandel
NE-Metalle	112 %	127 %	- 15 %	BME-Marktspiegel 1/95, Fa. Klöckner Stahlhandel
Kunststoffe	119 %	125 %	- 6 %	Arbeitsgruppe Kunststoffe
Zerspanungsteile	104 %	108 %	- 4 %	Fa. Aeroquip
Werkzeuge	103 %	110 %	- 7 %	Verein Deutscher Werkzeugmaschinenfabriken
Betriebsstoffe	89 %	99 %	- 10 %	Fa. Linde
Verpackung	118 %	119 %	- 1 %	BME-Marktspiegel 4/95
Transport	89 %	90 %	- 1 %	Bundesverband Spedition und Lagerei

Abb. II-29: Ergebnisse der Ebene C
(Quelle: ARNOLD 1996a, S. 51)

Als Ergebnis der *Ebene C* kristallisierte sich ein dichtes Netzwerk bi- und multilateraler Kontakte heraus, das alle Kooperationspartner umfaßt (vgl. Abb. II-30). Diese Kontakte beinhalten in erster Linie Informationsaustausche (Markt- und Preisinformationen), die von den Einkaufsleitern auf o.g. Skala (vgl. Abb. II-27) mit 1,7 sehr positiv bewertet wurden (Mittelwert). Durchschnittlich hat jeder Kooperationspartner Kontakt zu 6 anderen Unternehmen. Bei neun Partnern (U3, U4, U5, U6, U7, U9, U10, U12, U13) existieren Kontakte, die über einen reinen Informationsaustausch hinausgehen. Sie erstrecken sich bspw. auf Abnehmer-Zulieferer-Beziehungen, die arbeitsteilige Durchführung von Beschaffungsaufgaben oder auf logistische Zusammenarbeit.

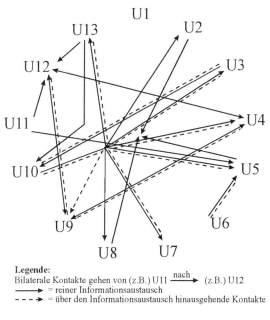

Abb. II-30: Netzwerk bilateraler Kontakte
(Quelle: ARNOLD/VOEGELE 1995, S. 60)

Die Ergebnisse der *Ebene D* (vgl. Abb. II-31) bestätigen hauptsächlich die bereits ex ante formulierte Erwartung, daß eine Einkaufskooperation durch Volumenbündelung und verbesserte Informationsausstattung der einzelnen Einkäufer zu einer Verbesserung der Position aller beteiligten mittelständischen Unternehmen auf ihren Beschaffungsmärkten beiträgt (vgl. ARNOLD 1996a, S. 51). Insbesondere die Verhandlungsposition wird mit +0,38 (Mittelwert) als eindeutig besser beurteilt. Dazu trägt mit Sicherheit eine erhöhte Markttransparenz bei, welche wir - getrennt nach Produkt- und Lieferantentransparenz - für jede Warengruppe erhoben haben. Dabei lagen die Werte für die Lieferantentransparenz in der Regel deutlich höher. Für die besonders intensiv bearbeiteten Warengruppen wie Transport (Lieferantentransparenz: +1,13; Produkttransparenz: +1,00), Stahl/Blech (Lieferantentransparenz: +0,75; Produkttransparenz: +0,50), NE-Metalle (Lieferantentransparenz: +0,57; Produkttransparenz: +0,13), Kunststoffe (Lieferantentransparenz: +0,50; Produkttransparenz: +0,38), Zerspanungsteile (Lieferantentransparenz: +0,57; Produkttransparenz: +0,14), Werkzeuge (Lieferantentransparenz: +0,43; Produkttransparenz: +0,29) sowie Verpackung (Lieferantentransparenz: +0,50; Produkttransparenz: +0,43) schlägt sich dies in den dargestellten Mittelwerten nieder. Folgerichtig ist die

Lieferantensuche auch diejenige Phase im Beschaffungsprozeß, die mit +0,57 eindeutig die höchste Effizienzsteigerung aufweist. Danach folgen Ausschreibungen und Verhandlungen (jeweils +0,29); diese wurden stets zentral durchgeführt. Beschaffungsmarktforschung und Lieferantenbewertung konnten nur leicht verbessert werden (+0,14), während der Aufwand für Abschluß und Reklamationswesen unverändert blieb. Ebenfalls unverändert ist das Qualitätsniveau sowohl bezüglich der Inputfaktoren, als auch bezüglich der Endprodukte und der Kosten. Dies legt die Vermutung nahe, daß die Qualität schon vor Kooperationsbeginn auf einem hohen Niveau angesiedelt war und kurzfristige Verbesserungen kaum zu realisieren sind. Im Hinblick auf diese Dimension war die Zeitdauer des Kooperationsprojektes zu kurz. Ausländische Beschaffungsmärkte wurden eindeutig intensiver bearbeitet: Ein Drittel der Kooperationspartner weitete die Global Sourcing-Aktivitäten aus; die Position auf den internationalen Beschaffungsmärkten hat sich verbessert (+0,40).

Technologische Überlegungen im Beschaffungsbereich spielten im Rahmen des Verbundprojektes ebenfalls eine Rolle. Auch diese Maßnahmen sind in der Regel langfristiger Natur und konnten im Rahmen der ca. 18monatlichen Projektlaufzeit nur angeregt, jedoch nicht abgeschlossen werden. Die Sortimentsoptimierung sowohl hinsichtlich Material als auch hinsichtlich Technologie und Breite liegt einheitlich bei bescheidenen +0,13. Lediglich Einzelprojekte wie die Einbindung von Lieferanten in Forschung & Entwicklung (Early Supplier Involvement) oder der Einsatz neuer Informations- und Kommunikationstechnologien zur Lieferantenanbindung führten bei den Technologiezielen zu Bewertungen zwischen unverändert (±0,00) bis +0,25.

Den Gesamtnutzen bewerteten die Geschäftsleitungen der Kooperationsteilnehmer mit einem Wert von +0,81. Dieses eindeutig positive Ergebnis wird nicht nur durch die oben erzielten Einsparungen unterstrichen; in keinem Fall ergab sich eine Verschlechterung der Beschaffungssituation. Wir müssen deutlich darauf hinweisen, daß die positiven Ergebnisse des Kooperationsprojektes das Ergebnis des intensiven Einsatzes aller Teilnehmer darstellt. Eine vertrauensvolle Zusammenarbeit ist nur möglich, wenn die Teilnehmer zueinander passen, also ein guter Kooperationsfit hergestellt werden kann. Insofern hat die Partnerwahl eine nicht zu unterschätzende Bedeutung (vgl. Abschnitt 2.2.1, STAUDT/ TOBERG/LINNÉ/BOCK/THIELEMANN 1992, S. 90 ff.). Daß industrielle Einkaufskooperationen prinzipiell erfolgsträchtig sein können, wurde in diesem Pilotprojekt belegt.

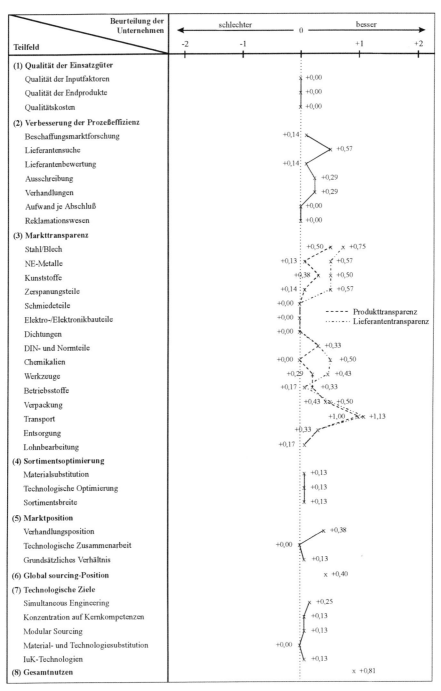

Abb. II-31: Ergebnisse der Ebene D
(Quelle: ARNOLD/EßIG 1997, S. 109, ARNOLD/VOEGELE 1995, S. V und 65 ff.)

Teil III: Einkaufskooperationen im Handel
         (von GÜNTER OLESCH)

1. Entstehung

Die Entstehung von Großbetriebsformen im Handel gegen Ende des vorigen Jahrhunderts verursachte einen bis dahin nicht gekannten Konzentrationsschub. In dieser Zeit entstanden flächendeckende Filialsysteme und neue Vertriebsformen wie Warenhäuser oder der Versandhandel. Ihr Hochkommen löste jene Wettbewerbsdynamik aus, die bis heute eine prägende und nahezu alle strategischen Handlungsmuster bestimmende Größe im Handel geblieben ist. Sie war auch der Impulsgeber für das Entstehen der Kooperationen, denn der kleine und mittlere Handel wollte durch Zusammenarbeit einen Nachteilsausgleich gegenüber den Großbetriebsformen erreichen. Dies war die Geburtsstunde der Einkaufskooperationen.

Die ideologische und organisatorische Basis für die Bildung der ersten Kooperationen bot das Genossenschaftswesen. Auf seiner Grundlage hatten sich zuvor schon um 1850 Zusammenschlüsse im Handwerk gebildet. Es waren die „Rohstoffassoziationen", mit deren Hilfe ein günstigerer Einkauf von Material für die handwerkliche Fertigung erfolgte. Auch die nachfolgenden Einkaufszusammenschlüsse des Handels verstanden sich als derartige Selbsthilfeorganisationen. Von ihrer Grundidee her waren sie auf die Erhaltung und Sicherung des Erreichten ausgerichtet. So, wie sich das Handwerk durch die Industrialisierung nicht überrollen lassen wollte, wollte sich der kleine und mittlere Handel durch den aufkommenden Massenvertrieb nicht vom Markt drängen lassen. Die Kooperation sollte somit ein Gegengewicht zur Konzentration bilden.

Bald schon aber bildeten Kooperation und Konzentration keinen Gegensatz mehr. Mit dem allmählichen Erstarken der Einkaufszusammenschlüsse trugen sie selbst zur Konzentration bei. Ja, Kooperation ist schon begrifflich ohne Konzentration nicht denkbar, denn Arbeitsteilung und die Verlagerung betriebswirtschaftlicher Funktionen auf eine Zentrale bedeuten immer auch Konzentration. Je straffer sich die Kooperationen im Laufe ihrer weiteren Geschichte organisierten, je mehr Aufgaben sie wahrnahmen und je stärker ihre wirtschaftliche Bedeutung wuchs, um so mehr wurden zugleich auch konzentrative Prozesse durch sie ausgelöst.

Umgekehrt zeigte sich, daß die Großbetriebsformen des Handels nicht nur über internes Wachstum und Zukäufe expandierten, sondern Expansion zunehmend im Wege der strategischen Allianzbildung betrieben und sich damit der Kooperation als strategisches Mittel bedienten. Dies spielte vor allem bei der Internalisierung der Großbetriebsformen des Handels eine Rolle.

Kooperationen werden also nicht nur von Klein- und Mittelbetrieben eingegangen, sondern auch von Großbetrieben. Andererseits spielt sich Konzentration nicht nur bei Großbetrieben ab, vielmehr tragen auch die Klein- und Mittelbetriebe durch die Bildung von
Kooperationen zur Konzentration bei. Entscheidend für die Kooperationsentwicklung ist
dennoch das Gründungsmotiv geblieben. In erster Linie will die Kooperation ein Wett-
bewerbsinstrument gegen die Konzentration und damit die Möglichkeit zur nachhaltigen
Existenzsicherung und Verbesserung der Wettbewerbsfähigkeit kleiner und mittlerer
Betriebe bieten (vgl. OLESCH 1995, Sp. 1273).

Der Zusammenhang von Kooperation und Konzentration durchzieht die gesamte Koope-
rationsgeschichte. In denjenigen Branchen und Märkten, in denen die Konzentration und
damit der Wettbewerbsdruck auf die Klein- und Mittelbetriebe am stärksten ist, bestehen
auch die effektivsten Kooperationen. So bedingen sich Konzentration und Kooperation
gegenseitig, und auch die späteren Kooperationsgründungen sowie ihre Weiterentwicklung waren immer eine Folge des durch die Konzentration hervorgerufenen Wettbe-
werbsdruckes.

2. Wirtschaftliche Bedeutung

Dies erklärt zugleich, warum es in manchen Ländern Europas bis heute noch zu keinen
Kooperationsgründungen gekommen ist. In einigen südlichen Ländern, in denen im Vergleich zu den nördlichen die Großbetriebsformen noch keine große Rolle spielen, ist auch
das Kooperationsgeschehen unterentwickelt. In den hochkonzentrierten Ländern des
nördlichen Europas besteht dagegen eine vielfältige Kooperationslandschaft. Dies trifft
vor allem auf die Bundesrepublik Deutschland zu. Von allen europäischen Ländern verfügen die deutschen Kooperationen über den höchsten Marktanteil. Er wird vom Ifo-
Institut mit gut 30% beziffert (vgl. Abb. III-1).

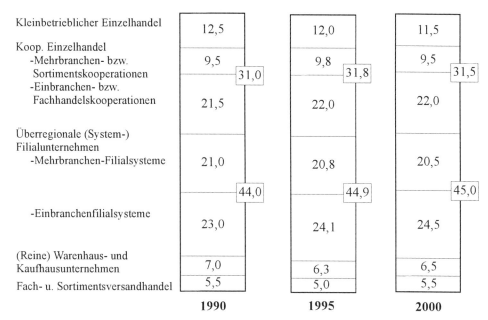

| Kleinbetrieblicher Einzelhandel | 12,5 | 12,0 | 11,5 |
| | | | |

Abb. III-1: Entwicklung der Marktanteile von wichtigen Organisationsformen
des Einzelhandels
(Quelle: LACHNER/TÄGER 1997, S. 26)

Die Kooperationen konnten in den letzten Jahren ihren Marktanteil leicht ausbauen. Demgegenüber hat der nichtorganisierte Fachhandel Marktanteile verloren.

Die Zahl der Handelskooperationen in der Bundesrepublik liegt über 300. Hierin sind sowohl die Zusammenschlüsse des Groß- als auch diejenigen des Einzelhandels enthalten. In ihnen haben sich rd. 80.000 Handelsunternehmen organisiert. Kein anderer Wirtschaftszweig verfügt über eine solche Kooperationsdichte.

Die Kooperationen haben auf den Absatz- und Beschaffungsmärkten eine beachtliche Bedeutung erlangt (vgl. Abb. III-2). Im Haushaltswarenbereich entfallen auf sie rd. 50% des Anteils am Inlandsabsatz. Im Möbelhandel ist ihre Bedeutung ähnlich hoch. In der Branche bestehen 30 Kooperationen, und der Kooperationsgrad der rd. 10.000 Betriebe des Möbelhandels liegt bei knapp 70%. Die Nachfrage des gesamten Einzelhandels wird zu knapp 50 % bei den Einkaufskooperationen des Möbelhandels gedeckt.

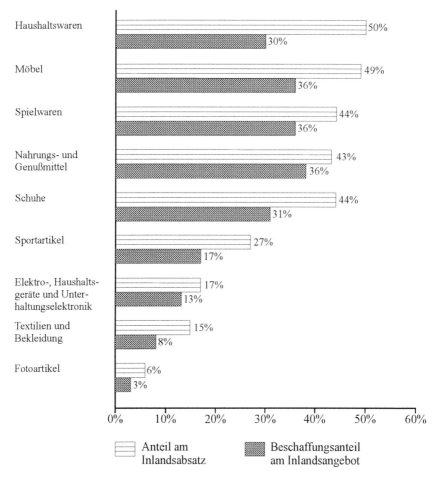

Abb. III-2: Quantitative Bedeutung der Handelskooperationen auf den Absatz- und
Beschaffungsmärkten
(Quelle: BATZER/LACHNER/MEYERHÖFNER 1989, S. 41)

3. Erscheinungsformen

Die Einkaufskooperationen stellen nur eine Facette möglicher Organisationsformen zur
Durchführung gemeinsamer wirtschaftlicher Belange dar. Unter dem Gesichtspunkt der
Verbundlehre können die auf nichtwirtschaftliche Tätigkeit ausgerichteten Zusammenschlüsse (Handelskorporationen) einerseits von den Zusammenschlüssen als Wirt-
schaftsorganisationen andererseits unterschieden werden (vgl. Abb. III-3).

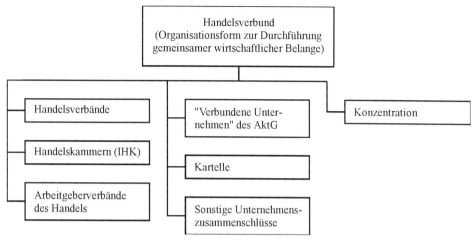

Abb. III-3: Arten des Handelsverbundes
(Quelle: SCHENK 1991, S. 348)

Das Erscheinungsbild der Kooperationen wiederum ist so vielfältig, daß eine Systematisierung kaum möglich ist (vgl. Abb. III-4). Die größte Bedeutung im Handel kommt den horizontal organisierten Kooperationen zu. Ihre wichtigste Erscheinungsform ist der Einkaufszusammenschluß. Er zeichnet sich dadurch aus, daß seine Mitglieder immer zugleich auch Gesellschafter des Verbundes sind, die Kooperation also den Kooperationspartnern „gehört".

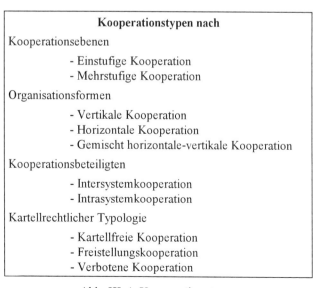

Abb. III-4: Kooperationstypen

Allerdings unterscheiden sich die Rechtsformen erheblich voneinander. Verbreitet ist immer noch die Genossenschaft. Es gibt jedoch Kooperationen in nahezu allen Rechtsformen. In der Mehrzahl befinden sich heute die GmbHs und Co. KGs. Einige Einkaufszusammenschlüsse arbeiten auch in der Rechtsform der Aktiengesellschaft. Sie haben sich in der Regel dann von der Genossenschaft in eine AG umgewandelt.

Im Gegensatz zum Einkaufszusammenschluß handelt es sich bei der freiwilligen Kette um eine vertikal orientierte Kooperation. Ihre Gründung geht immer von einem Großhandelsunternehmen oder von einem Systemkopf aus und erfolgt damit „top down". An der freiwilligen Kette sind die Kooperationspartner nicht gesellschaftsrechtlich beteiligt. Im Unterschied zu den Einkaufszusammenschlüssen wird die Zusammenarbeit bei ihnen vielmehr durch schuldrechtliche Individualverträge geregelt. In ihrem Marktauftritt unterscheiden sich Einkaufszusammenschlüsse und freiwillige Ketten dagegen kaum noch. Ihre Arbeitsweisen haben sich weitgehend angeglichen. Die freiwilligen Ketten haben sich im Laufe ihrer Entwicklung strukturell immer mehr horizontal organisiert, etwa durch die stärkere Einbeziehung der Kooperationspartner in die Gruppenpolitik. Umgekehrt haben sich die horizontalen Einkaufszusammenschlüsse in mancherlei Hinsicht vertikalisiert, so durch die Entwicklung von Betriebstypen oder den Aufbau eigener Franchiselinien.

Zu den horizontalen Kooperationsformen gehören auch die Einkaufskontore. Sie entstanden als Selbsthilfeorganisationen des Großhandels und bildeten eine Reaktion auf das Erstarken der Einkaufszusammenschlüsse des Lebensmitteleinzelhandels. Die Tätigkeit der Kontore beschränkte sich ursprünglich auf den gemeinsamen Einkauf und den Abrechnungsverkehr. Sie ergänzten ihre Dienstleistungen aber ebenfalls, so daß sich die Unterschiede zu den klassischen Einkaufszusammenschlüssen zunehmend verringern.

Abgesehen hiervon, haben zwei der bedeutendsten Kontore, die *Für Sie* und die *Gedelfi*, mit den beiden führenden genossenschaftlichen Verbundgruppen des Lebensmittelhandels, der *Rewe* und *Edeka*, eine Allianz gebildet. Selbständig arbeiten noch die Kontore *Markant* und *Gesko*. Beide Gruppen stellen Beispiele dafür dar, wie sich ihre Tätigkeitsfelder weit über die ursprüngliche Aufgabenstellung eines Kontors hinaus ausgeweitet haben (vgl. Abb. III-5).

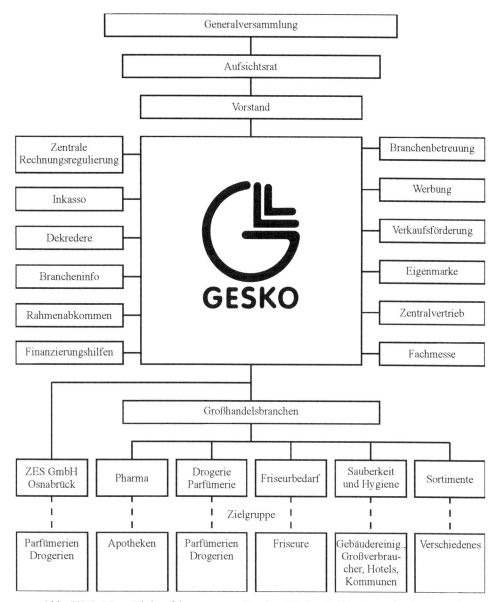

Abb. III-5: Vom Einkaufskontor zum Service-Verbund: Die Organisations- und Dienstleistungsstruktur der Gesko-Gruppe

Sowohl bei den freiwilligen Ketten als auch bei den klassischen Einkaufszusammenschlüssen bestehen mehrstufige Organisationsformen (vgl. Abb. III-6).

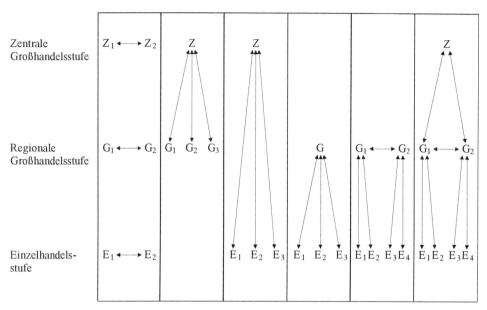

Abb. III-6: Grundformen der Handelskooperationen

Die Mehrstufigkeit von Verbundgruppen hat ihren Ursprung darin, daß sich lokale und regionale Gruppierungen dazu entschlossen, Zentralen auf Landes- oder Bundesebene zu bilden. Anfänglich war die Organisationsstruktur der mehrstufigen Gruppen recht einfach. Ihre Basis bildeten die selbständigen Unternehmen des Handels. Sie waren Mitglieder ihrer lokalen oder regionalen Gruppe. Diese wiederum hielten die Anteile an den von ihnen selbst ins Leben gerufenen Zentralen. Gleichgültig auf welcher Stufe die Zentrale tätig war, immer übernahm sie übergeordnete Aufgaben wie den gemeinsamen Einkauf, die Entwicklung von Dachmarken oder die Durchführung von Importen. Als mehrstufige Verbundgruppen können auch Kooperationen des Großhandels mit stufenübergreifenden Funktionen bezeichnet werden. Hierzu gehören etwa die Gruppen *Lekkerland* oder *DTV-Tabakwaren-Vertriebsgesellschaft und Marketing-Kooperation*. Die Rolle der regionalen Großhandlungen ist bei ihnen vergleichbar mit der der regionalen Genossenschaften in den rein genossenschaftlich strukturierten Organisationen.

Für die mehrstufigen Verbundgruppen stellt sich das besondere Problem, die Größen und Leistungsstrukturen auf der Regionalstufe in einer Balance zu halten. So arbeitete die *Edeka*-Gruppe konsequent an der Angleichung der Größenstrukturen auf der Regionalstufe. Bis Mitte der 80er Jahre konnte die Zahl der *Edeka*-Großhandlungen durch Fusionen von ehemals über 100 auf rund 30 zurückgeführt werden. Trotz dieses Rückgangs zeigte sich jedoch schon bald, daß die erreichte Großhandelsdichte den Wettbewerbsanforderungen noch immer nicht gerecht wurde. Es wurde ein neues Verbundkonzept erarbeitet, das zu einer weiteren Reduzierung der Großhandelsbetriebe auf 10 führen sollte. Zu Beginn des Jahres 1996 waren schließlich noch 13 *Edeka*-Großhandlungen im Markt tätig, aber das Größengefälle zwischen den einzelnen Großhandlungen war immer noch nicht behoben. Das Auseinanderdriften der Regionalstufe, ausgelöst vor allem auch durch die Expansion in den neuen Bundesländern, schritt unvermindert voran.

Diese Situation veranlaßte die *Edeka*-Gruppe zu einem völlig neuen konzeptionellen Ansatz. Sie gründete 1997 drei Verbundgesellschaften (Nord, West, Süd). Diese schoben sich zwischen die Zentrale und die regionalen Großhandlungen und haben die Aufgabe, den Einkauf, den Vertrieb und die Betriebsorganisation auf der Großhandelsebene zu harmonisieren. Durch diese Gruppenreform soll gleichzeitig die Zentral- und Regionalstufe besser miteinander verzahnt werden, um so auch der schwerfälligen Willensbildung innerhalb der Gruppe entgegenwirken zu können. Im Unterschied hierzu hat die *Rewe*-Gruppe ihre Mehrstufigkeit nahezu aufgegeben. Sie integrierte die Regionalstufe in die Zentrale, um sich so zu einem schlagkräftigen, einheitlich im Markt auftretenden Verbund zu wandeln.

4. Organisationsstrukturen

Die Organisationsformen der Verbundgruppen ähneln sich alle in ihren Grundstrukturen, weisen aber bei näherem Hinsehen doch wesentliche Unterschiede auf. Sie hängen mit dem jeweiligen Grad ihrer Aufgabenerfüllung zusammen. Alle Zusammenschlüsse verfügen über eine Gesellschafterversammlung. Sie wählt einen Beirat, Aufsichtsrat oder Verwaltungsrat als Kontrollorgan oder beratendes Gremium. In den Ausschüssen, die in der Regel durch Beschluß des Beirats oder Aufsichtsrats gebildet werden, vollzieht sich die Sacharbeit.

Die Gremienarbeit ist für die Verbundgruppen von außerordentlicher Bedeutung (vgl. Abb. III-7). In ihnen wird die Gruppenpolitik festgelegt. Die Gremien bieten den Mitgliedern die Möglichkeit zur Mitarbeit und bilden somit eine wichtige Klammer zwischen Zentrale und Kooperationspartnern. Da die Gruppenzentralen keine Direktivgewalt gegenüber ihren Mitgliedsunternehmen haben, können Kooperationskonzepte nur im Wege der Überzeugung „durchgesetzt" werden. Diese Form der Willensbildung setzt die personale Erreichbarkeit der Kooperationspartner voraus. Hierin liegt ein weiterer Grund für die Bedeutung der Gremienarbeit.

Die Art der Gremien variiert innerhalb der Gruppen erheblich. Die meisten Kooperationen verfügen über Erfahrungsaustauschgruppen oder Gesprächskreise, die nach regionalen Gesichtspunkten zusammengesetzt sind. In Strategie- oder Kreativgruppen werden Zukunftskonzepte erarbeitet, während andere Gremien sich wiederum einzelnen Projekten wie der Erarbeitung von Betriebstypenkonzepten oder Logistikprogrammen widmen.

I. Gremien kraft Satzung	III. Projektbezogene Arbeitsgruppen
- Aufsichtsrat	- Arbeitsgruppe EDV
- Verwaltungsrat	- Arbeitsgruppe Logistik
- Mitgliederversammlung	- Strategiegruppe
- Beirat	- Creativgruppe
	- Arbeitsgruppe „Betriebstypenpolitik"
	- Arbeitsgruppe „Beteiligungsmodelle"
II. Ausschüsse/Kommissionen	IV. Fachtagungen
- Marketingausschuß	- Erfa-Gruppen
- Werbeausschuß	- Cheftagungen
- Einkaufsausschuß	- Regionalkonferenzen
- Sortimentsausschuß	- Juniorenkreise
- Kreditausschuß	- Ländergruppentagungen
- Organisationsausschuß	- Betriebstypentagungen
- Musterungskommission	- Schulungs-/Seminarveranstaltungen
	- Fachstudienreisen
	- Unternehmerinnenkreise

Abb. III-7: Ausgewählte Gremien in Verbundgruppen

Auf der Grundlage eines relativ überschaubaren Organisationsschemas arbeitet etwa die *parma-Parfümerie Markterschließungs-Gesellschaft mbH & Co. KG*, zu der rd. 140 Gesellschafter mit mehr als 350 Parfümerie-Einzelhandelsgeschäften gehören (vgl. Abb. III-8).

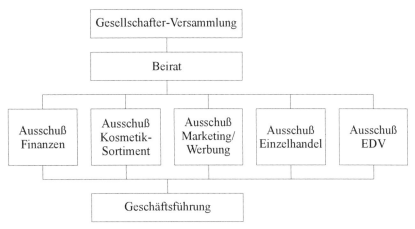

Abb. III-8: Die Gremien der Parma-Gruppe

Der Gremienaufbau der *Interbaustoff*-Gruppe, einer führenden Kooperation des Baustoffgroßhandels, ist mit dem *parma*-Konzept vergleichbar, geht aber mit zusätzlichen Gremien darüber hinaus (vgl. Abb. III-9).

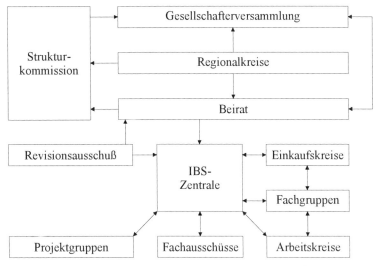

Abb. III-9: Die Gremien der Interbaustoff

Komplexer stellt sich die Struktur der *expert*-Gruppe Deutschland dar (vgl. Abb. III-10).

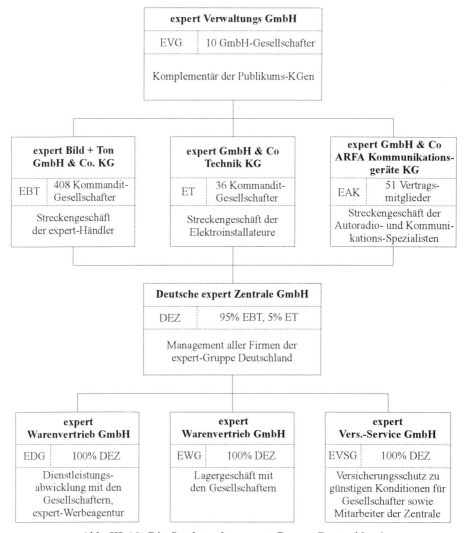

Abb. III-10: Die Struktur der expert-Gruppe Deutschland

Die Deutsche *expert-Zentrale GmbH* (DEZ) beschäftigt in reiner Managementfunktion das gesamte Personal der Gruppe, das für die übrigen *expert*-Gesellschaften die Ausführung der entsprechenden Geschäftsvorgänge übernimmt.

Die *expert-Dienstleistungsgesellschaft mbH* (EDG) hält für die Gesellschafter solche Dienstleistungen bereit, die sich in der Gemeinschaft kostengünstiger und qualitativ besser durchführen lassen als von jedem einzelnen Haus. Über die *expert-Warenvertrieb GmbH* (EWG) hat jeder Gesellschafter die Möglichkeit, ausgewählte Zubehörartikel auf der Grundlage eines Lizenzsystems zu beziehen. Mit der *expert-Versicherungsservice GmbH* (EVSG) verfügt die Gruppe über einen kooperationseigenen Versicherungsservice, der als freier Versicherungsmakler im Markt tätig ist.

Die Mitglieder selbst sind Gesellschafter der drei KGs. Je nach Betriebstyp sind sie einer dieser Gesellschaften zugeordnet (*expert*-Händler, Elektroinstallateure, Auto-, Radio- und Kommunikationsspezialisten). Diese strukturelle Gliederung bietet der Gruppe die Möglichkeit, den Kooperationspartnern maßgeschneiderte Sortimente und Dienstleistungen zur Verfügung zu stellen und sich ganz an deren Marktanforderungen zu orientieren.

5. Entwicklungsstufen

Die Tätigkeitsfelder der Kooperationen wandelten sich im Laufe ihrer Geschichte erheblich. Sie entsprachen dem jeweils durch die Großbetriebe erzeugten Wettbewerbsdruck. Ganz grob gesehen, vollzogen die Kooperationen drei wesentliche Entwicklungsschritte (vgl. Abb. III-11): An ihrem Beginn stand der gemeinsame Einkauf im Vordergrund. Es ging zunächst einmal um eine Positionsverbesserung im Einkauf durch Poolung der Einkaufsvolumen. Hierdurch konnten günstigere Einkaufskonditionen erzielt und der Nachteilsausgleich gegenüber den Großbetrieben am raschesten verwirklicht werden.

Eine tiefgreifende Umorientierung vollzog sich mit dem Wandel der Verbundgruppen von reinen Einkaufs- zu Marketingorganisationen. Er setzte in aller Deutlichkeit Ende der 60er Jahre ein und wurde durch das Entstehen neuer Vertriebstypen (Verbrauchermarkt, Discountgeschäft und anderer großflächiger Vertriebsformen) ausgelöst.

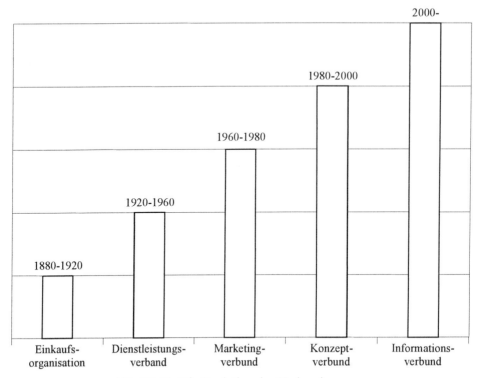

Abb. III-11: Die Evolution der Verbundgruppen

Eine ständige Erweiterung der Dienstleistungsangebote zielte auf eine umfassende Stärkung der Kooperationspartner im Wettbewerb. Hilfen bei Finanzierungs- und Investitionsvorhaben, Aus- und Weiterbildungsprogramme sowie Beratungsangebote unterschiedlichster Art ergänzten das Leistungsprogramm.

Heute stehen die Verbundgruppen an der Schwelle zum Informationsverbund. Sie nehmen verstärkt den Aufbau von Warenwirtschaftssystemen in Angriff, die in der Vernetzung der Kooperationspartner mit der Kooperationszentrale münden. In einem weiteren Schritt werden die Vertragslieferanten der Kooperationen in den Informationsverbund mit einbezogen. Auf diese Art werden die Verbundgruppen künftig ihre Mittlerrolle zwischen Industrie und Handel stärker nutzen. Die Kooperationsrichtung erstreckt sich somit nicht mehr nur auf die Kooperationspartner im Handel, sondern schließt zunehmend die Herstellerseite mit ein.

6. Strategische Optionen

6.1 Homogenisierungspolitik

Für die Weiterentwicklung der Verbundgruppen hat sich die Schaffung homogener Mitgliederstrukturen als eine wichtige Voraussetzung erwiesen. Die Notwendigkeit der Überwindung heterogener Mitgliederstrukturen entstand im Zusammenhang mit der Marketingorientierung der Verbundgruppen, da das kooperative Marketing einer Ausrichtung auf klar definierte Zielgruppen bedarf. Bei den meisten Verbundgruppen kam es jedoch im Laufe ihrer Entwicklung zu einem Auseinanderklaffen der zentralseitigen Leistungsangebote und deren Inanspruchnahme durch die Mitglieder, weil es an der notwendigen Interessenkongruenz fehlte.

Die Ursachen für das Entstehen heterogener Mitgliederstrukturen sind vielfältig. Sie können in der Auseinanderentwicklung von Sortimenten liegen. Ehemalige Sortimentshäuser wandeln sich zu Spezialgeschäften oder umgekehrt. Es können sich auch neue Sortimentsschwerpunkte herausbilden, die früher eher als Randsortimente geführt wurden.

Unterschiedliche Mitgliederstrukturen basieren häufig aber auch auf differierenden Standortlagen, etwa zwischen solchen in ländlichen Regionen und solchen in Großstädten. Auch die Betriebstypendynamik spielt bei der Auseinanderentwicklung eine Rolle. So können neben Fachgeschäften auch Fachmarktbetreiber derselben Kooperation angehören. Neuerdings spielt der Unterschied zwischen filialisierenden Mitgliedern und Einzelunternehmen in Verbundgruppen eine Rolle. Ein ganz typisches Strukturmerkmal, das erhebliche Auswirkungen auf die Gruppenpolitik hat, ist die Mitgliedergröße der Kooperationspartner. Kleine, mittlere und größere Unternehmen stellen unterschiedliche Ansprüche an die Dienstleistungen ihrer Zentrale, die wiederum in unterschiedlichen Kooperationsprogrammen aufgefangen werden müssen. Für die Verbundgruppen wird es somit immer wichtiger, Synergiepotentiale dadurch auszuschöpfen, daß die heterogenen Strukturen im Wege der Clusterbildung zu homogenen Teilgruppen zusammengefaßt werden.

Um dies zu erreichen, gingen einige Verbundgruppen dazu über, Leistungsgruppen zu bilden. In ihnen werden die Unternehmen nach gewissen Gesichtspunkten „gebündelt", so etwa nach ihrer Betriebsgröße, nach dem Konzentrationsgrad ihrer Beschaffung oder auch nach ihrer Bereitschaft, sich zum Bezug bestimmter Kern- oder Stammsortimente zu verpflichten. Für diese Leistungsgruppen werden eigene Dienstleistungen entwickelt, die sich von den normalen Kooperationsangeboten unterscheiden.

Für Verbundgruppen, die Mitglieder aus mehreren Branchen unter ihrem Dach vereinigen, bietet sich der Weg zur Bildung von Fachgruppen an. Sie untergliedern sich häufig in eigene Organisationseinheiten mit eigenem Management und eigener Kostenrechnung.

Homogene Mitgliederstrukturen können aber auch durch eine bewußte Selektionspolitik erreicht werden. Sie liegt in einer strategisch angelegten Aufnahme- und Ausschlußpolitik, die sich nach eindeutigen Kriterien richtet. Während der Ausschluß von Mitgliedern wegen ihrer gesellschaftsrechtlichen Beteiligung an der Kooperation schwierig ist, bietet eine gezielte Aufnahmepolitik mehr Spielraum, um zu einheitlichen Strukturen zu gelangen. Verbundgruppen sind aber grundsätzlich in ihrer Entscheidung frei, welche Mitglieder sie aufnehmen wollen. Sie können demzufolge auch die Voraussetzungen für neu aufzunehmende Mitglieder exakt festlegen.

6.2 Konzeptverbund

Die Marketingorientierung der Verbundgruppen führte zu einer immer weiteren Differenzierung in Teilgruppen und Subsysteme. Sie hat deshalb eine so große Bedeutung erlangt, weil damit den Mitgliedern die Möglichkeit zur eigenen Profilierung im Markt gegeben werden kann. Kooperative Profilierungsstrategien wurden durch das Entstehen moderner Betriebstypen erzwungen, da diese ihrerseits mit klaren Profilen im Markt auftraten.

Die Marketingkonzepte der Verbundgruppen enthalten in der Regel mehrere Optionen für die Mitgliedsunternehmen. Eine strategische Variante liegt im Angebot von Modulen, die sich auf Sortimentsbausteine und mit diesen verknüpfte Werbeangebote erstrecken können. Beides wird den Mitgliedern als in sich geschlossenes Paket angeboten. Die Modulpolitik bietet eine gute Möglichkeit, Sortimentsschwerpunkte der Mitglieder aufzugreifen und sie mit besonderer Kompetenz zu versehen. In der Regel verfügen die Verbundgruppen über mehrere Module. In einzelnen Fällen können sich die Mitgliedsunternehmen bei ihrer Sortiments- und Marketingpolitik ganz auf die von der Zentrale zur Verfügung gestellten Module stützen.

Eine weitere Möglichkeit liegt im Angebot von Betriebstypen (vgl. Abb. III-12). Viele Verbundgruppen haben ihre Mitgliedsunternehmen bereits nach unterschiedlichen Betriebstypen neu strukturiert und ihnen damit zu einem klaren Marktprofil verholfen. Die

Betriebstypen werden über eigene Organisationseinheiten oder als selbständige Tochtergesellschaften innerhalb der Verbundgruppe betreut.

Neben der Modul- und Betriebstypenpolitik bietet die Bildung von Vertriebsschienen neue Differenzierungs- und Profilierungsmöglichkeiten. Hierbei werden die Mitglieder nach Marktsegmenten, z. B. nach einem unteren, mittleren und oberen, zusammengefaßt. Sie ordnen sich einer der Vertriebsschienen zu und übernehmen das von der Gruppenzentrale speziell hierfür erarbeitete Marketingkonzept.

Abb. III-12: Das Vertriebsschienenkonzept der „3-E" Handels- und Dienstleistungs-AG

Neuerdings gehen die Verbundgruppen dazu über, ihre Leistungen nicht nur zu differenzieren und, bezogen auf bestimmte Teilgruppen, maßgeschneidert hin zu orientieren, sondern alle Dienstleistungen so aufeinander abzustimmen, daß integrierte Programme im Sinne durchgängiger Konzepte entstehen (vgl. Abb. III-13). Aus dem Marketingverbund wird damit ein „Konzeptverbund".

		akzent *aktiv für Ihr Zuhause*
Der Betriebstyp Global wurde speziell für das klassische mittelständische Möbelhaus mit ausgeprägtem Fachgeschäftscharakter konzipiert. Ein Unternehmen mit etwa 2.000–3.000 m² Verkaufsfläche, das mit einem konzentrierten Vollsortiment auf mitt-lerem bis gehobenem Niveau zwischen 4 und 10 Millionen Mark Umsatz erwirtschaftet. Kundennähe, Service und fachkundige Beratung sind oberstes Gebot. Gleichzeitig steht die Marke Global für Qualität und gediegene Verarbeitung mit Garantie. Global spricht damit vor allem den quali-tätsorientierten Verbrau-cher an, der als Zweit- und Dritteinrichter dem guten Namen eines Hauses vertraut. **Eigenmodelle** Global, das sind aber auch exklusiv für diese Marke gefertigte Modelle, die mit überdurchschnittlichen Umsatzzahlen pro Quadratmeter überzeugen. Denn der typische Globalkunde legt vor allem auf Qualität und weniger auf den Preis wert. Global ist somit eine Möglichkeit, den zunehmend aggressiveren Preiskampf elegant zu umgehen.	**Contur** Für Unternehmer im Möbeleinzelhandel, die sich als Einrichtungsexperten auf hohem Niveau profilieren möchte, ist Contur die richtige Wahl. Auf ca. 2.000–3.000 m² bietet ein Contur-Haus ein konzentriertes Vollsortiment, beginnend bei der guten Mitte bis zum oberen Marktsegment. Durch stimmungsvolle Warenpräsentation werden nicht nur Möbel verkauft, sondern auch Atmosphäre und Wohngefühl. Contur wendet sich dabei an eine moderne und anspruchsvolle Käufergruppe, die sich individuell einrichten möchte und Wohnen als Ausdruck ihrer Persönlichkeit versteht. Oberstes Prinzip bei Contur ist es, die Wünsche der Kunden – ganz gleich wie ausgefallen – zu erfüllen. **Die Handelsmarke Contur** Durch überregionale Endverbraucher-Werbung (z.B. Anzeigen in Fachzeitschriften wie Schöner Wohnen, Plakate, Funkspots etc.) wird der Name Contur beim Kunden stärker im Gedächtnis verankert und so die Handelsmarke Contur weiter ausgebaut. **Exklusiv-Modelle** In enger Zusammenarbeit mit anerkannten Designern und Herstellern hat Contur eine breitgefächerte Collection an Eigenmodellen entwickelt, die es dem Einrichtungshaus ermöglichen, sich in seinem Einzugsgebiet zu profilieren und sich dem aggressiven Preiskampf zu entziehen.	**akzent** Mehr und mehr Menschen suchen beim Möbelkauf ein Erlebnis mit echtem Freizeit- und Unterhaltungswert. Akzent bietet seinen Kunden diese Welt. Denn Akzent wurde speziell für die umsatzstärkeren und großflächigeren Einrichtungshäuser konzipiert – Unternehmen, bei denen der Schwerpunkt im konsumorientierten Vollsortiment liegt. Aus diesen Vorraussetzungen ergibt sich eine starke Umsatz- und Ertragsorientierung der Akzent-Häuser. Denn durch das hohe Einkaufsvolumen profitieren sie von extrem günstigen Konditionen und niedriegen Einkaufspreisen – und das ohne riesige Zuteilungen. Im Gegensatz zu den beiden anderen Vollsortimentsschienen Global und Contur, ist bei Akzent der Inhaber leitend tätig und delegiert den Verkauf an ausgebildete Fachverkäufer. „Im Einkauf liegt der Gewinn, in Verkaufskonzepten der erfolg" – nach dieser Devise bieten differenzierte Vermarktungs- und Shop-in-Shop-Konzepte für Abteilungen wie „Gut Schlafen" oder „Diele und Flur" dem Kunden ein neuartiges Einkaufserlebnis.

SB-Sparmobil Unser Betriebstyp SB-Sparmobil ist für moderne Abholmärkte konzipiert und konzentriert sich ausschließlich auf das zukunftsträchtige Marktsegment der preiswerten Möbel. Denn für einen Teil der Kunden ist die Deckung des Grundbedarfs mit preiswerten Einrichtungen aktueller denn je. Durch eine nicht beratungsintensive Ware, einfache Warenpräsentation und die Tatsache, daß der Kunde den Transport und den Aufbau der Möbel selbst übernimmt, ist eine wesentlich geringere Personal- und Betriebskostenbelastung gegeben. Dies wiederum schafft eine ideale Ausgangsbasis für eine preisaggressive, umsatzstarke Marktstrategie und einen ebensolchen Werbeauftritt. Das neugeschaffene eigene Erscheinungsbild sorgt dabei für einen prägnanten, unverwechselbaren Marktauftritt. Wenn Sie also in diesem ausbaufähigen Markt Fuß fassen wollen, ist SB-Sparmobil das richtige Konzept.	**Küche Aktiv** Ein gutfrequentierter Standort mit einer Fläche von 300–1.000 m^2 ist Voraussetzung für ein erfolgreiches Küche-Aktiv-Haus. Dieses Fachmarkt-Konzept konzentriert sich dabei auf geplante Küchen um unteren bis mittleren Preissegment. Um sich aber trotzdem aus der Vergleichbarkeit zu begeben und die Rentabilität zu sichern, werden die Hersteller neutralisiert und so die Handelsmarke Küche Aktiv weiter aufgebaut. Der Slogan „Gutes günstig" visualisiert eine attraktive Preisgestaltung und spricht damit eine junge, moderne und preisbewußte Zielgruppe direkt an. Die Konzentration auf wenige Hersteller sichert Ihnen hervorragende Konditionen und damit optimale Erträge. **Als Filialbetrieb oder für Existenzgründer geeignet.** Küche Aktiv eignet sich als Filialbetrieb, für Existenzgründer, aber auch für die Spezialisierung schon bestehender, zu klein gewordener Vollsortimentshäuser.	**Polsterardo** Für alle Einrichtungs- und Möbelhäuser, die sich als fachkundige Spezialanbieter für Polstermöbel am Markt profilieren wollen, hat der DMV ein eigenes Marketingkonzept geschaffen: Polsterado. Durch die Konzentration auf ein spezielles Produktsegment wird ein hoher Grad an Know-How und Kompetenz erreicht. **Kompetenz durch Spezialisierung** Polsterado konzentriert sich auf Polstermöbel im mittleren bis gehobenen Preisniveau, das dann je nach Betriebsgröße von klassisch/konservativ bis modern/designorientiert variieren kann. Oberstes Prinzip bei Polsterado sind eine umfassende Beratung, ein perfekter Service und die individuelle Betreuung der Kunden. Polsterado eignet sich sowohl für bereits bestehende Polstermöbelgeschäfte als auch für Neugründungen oder für zu klein gewordene Vollsortmentshäuser.

Abb. III-13: Das Vertriebsschienen-Betriebstypen und Modulkonzept
des Deutschen Möbel Verbundes DMV

6.3 Integrationspolitik

Die Homogenisierungs- und Differenzierungspolitik führt zu unterschiedlichen Integrationsgraden der Mitglieder in ihre Verbundgruppe (vgl. Abb. III-14). Die Clusterbildung verändert die Intensität des Leistungsaustausches, die auch in neu gestalteten Rechtsbeziehungen zwischen Mitgliedern und Gruppenzentrale zum Ausdruck kommt. Die Differenzierungspolitik der Verbundgruppen hat nicht nur Auswirkungen auf die inhaltliche Gestaltung der Kooperationspolitik, sondern auch auf die rechtlichen und organisatorischen Kooperationsvoraussetzungen. Sie beeinflußt damit die gesamte Gruppenstruktur, in erster Linie aber die Stellung des Mitglieds innerhalb der Gruppe. Während beispielsweise die Kooperationsintensität bei „assoziierten" Partnern relativ lose ausfällt, kommt es bei den „formierten" Mitgliedern, die ein bestimmtes System oder einen Betriebstyp der Verbundgruppe übernehmen, auf eine klare Regelung des Leistungsaustausches und auf eine deutlich stärker rechtlich abgesicherte Integration in die Gruppe an.

Viele Verbundgruppen verfügen über mehrere Teilgruppen, deren Mitglieder jeweils in einer ganz unterschiedlichen Stellung zur Gruppenzentrale stehen. Sie praktizieren also mehrere Kooperations-, Rechts- und Organisationskonzepte parallel, um jedem Mitglied die Möglichkeit zu geben, sich nach seiner Kooperationswilligkeit und -fähigkeit an den Gruppenleistungen zu beteiligen.

Abb. III-14: Integrationsstufen in Verbundgruppen

Diese Parallelität unterschiedlich gestalteter Teilsysteme innerhalb einer Kooperation macht diese zu einem komplexen Gebilde, das im Hinblick auf die Mitgliederkommunikation, die Willensbildung, die Organisation der Gruppenzentrale, die Gremienarbeit oder die rechtliche Ausgestaltung hohe Anforderungen an das Gruppenmanagement stellt.

6.4 Internationalisierungsstrategien

Eine der wesentlichen neueren Expansionsstrategien der Verbundgruppen liegt in ihrer Internationalisierung. Sie reagieren damit auf die zunehmende Internationalisierung und Globalisierung der Großunternehmen des Handels und der Industrie. Die führenden Handelsunternehmen haben sich inzwischen durchweg in europaweiten strategischen Allianzen organisiert. Nahezu alle Großunternehmen des europäischen Handels gehören einer solchen Allianz an. Sie setzen damit bei ihrer Internationalisierung neben der Beteiligungs- und Akquisitionspolitik verstärkt auf das Instrument der Kooperation.

Die Internationalisierung der Verbundgruppen erfolgt auf der Basis unterschiedlicher strategischer Konzepte. Ihre einfachste Form besteht darin, Mitgliedsunternehmen aus dem Ausland aufzunehmen. Diese Politik hat etwa bei den Schuheinkaufsvereinigungen schon eine jahrzehntelange Tradition. Sie erhielt seit Beginn der 80er Jahre deutlichen Auftrieb und führte dazu, daß die beiden Gruppen *Garant Schuh AG* und *Nord-West-Ring eG* nahezu die Hälfte ihrer Mitglieder im Ausland haben.

Schon recht früh ist es zu Formen der Zusammenarbeit zwischen nationalen Einkaufszusammenschlüssen mehrerer Länder gekommen. Aus der losen interkooperativen Zusammenarbeit selbständiger nationaler Gruppen haben sich in den letzten Jahren vermehrt supranationale Gemeinschaftsunternehmen herausgebildet. Einige von ihnen stellen heute weit entwickelte Formen internationaler Zusammenarbeit unter den Kooperationen dar. Zu den bekanntesten Beispielen des Nichtlebensmittelhandels gehören die Gruppen *Intersport International*, *Expert International* oder die *Europäische Möbelunion*. Auf der Großhandelsstufe haben sich relativ rasch die beiden supranationalen Gruppen *ad-Augros* für den Autoteilehandel oder *Euro-Mat* für den Baustoffgroßhandel entwickelt.

Zur Zeit bestehen etwa 25 supranationale Verbundgruppen, in denen deutsche Kooperationszentralen mitarbeiten. Der Schwerpunkt ihrer Tätigkeit liegt bislang noch im Austausch von Produkt- und Marktinformationen sowie von Import- und Beschaffungsplänen (vgl. Abb. III-15). Man kann davon ausgehen, daß sich ihre Tätigkeit rasch weiterentwickeln und bald auch auf die Entwicklung europäischer Handelsmarken erstrecken wird. Einigen supranationalen Kooperationen gelang es bereits, Eurohandelsmarken zu etablieren und diese auch europaweit zu bewerben.

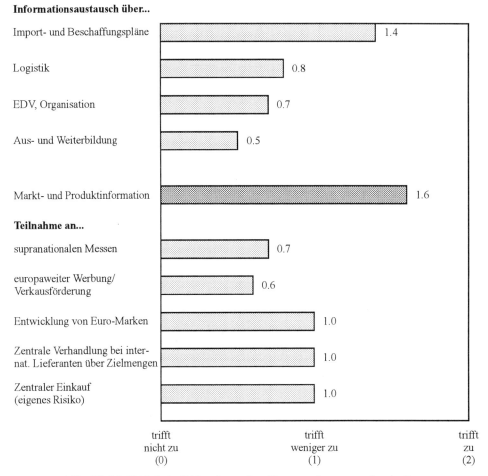

Informationsaustausch über...

Import- und Beschaffungspläne — 1.4

Logistik — 0.8

EDV, Organisation — 0.7

Aus- und Weiterbildung — 0.5

Markt- und Produktinformation — 1.6

Teilnahme an...

supranationalen Messen — 0.7

europaweiter Werbung/ Verkausförderung — 0.6

Entwicklung von Euro-Marken — 1.0

Zentrale Verhandlung bei inter- nat. Lieferanten über Zielmengen — 1.0

Zentraler Einkauf (eigenes Risiko) — 1.0

trifft nicht zu (0)   trifft weniger zu (1)   trifft zu (2)

Abb. III-15: Tätigkeitsfelder deutscher Kooperationszentralen in ihren
supranationalen Verbundgruppen
(Quelle: AHRENS 1994, S. 32)

Zu den internationalen Strategien der Verbundgruppen gehört aber auch die Beteiligung
an ausländischen Gruppen. So haben sich deutsche Verbundgruppen besonders in Österreich engagiert.

Nach einer Erhebung des Ifo-Institutes arbeiten in der Bundesrepublik jedoch immer
noch etwa 45% der Verbundgruppen ausschließlich national orientiert und verfügen über
keine ausländischen Mitglieder. 30% sind dagegen stark internationalisiert. Sie haben
Mitglieder in drei oder mehr Ländern oder haben sich über Beteiligungen und Tochtergesellschaften stark auf ausländischen Absatzmärkten engagiert. 25% der Verbundgruppen

sind auf der Absatzseite schwach international tätig und liegen unter den genannten Kriterien. Es ist zu erwarten, daß sich die Internationalisierung der Verbundgruppen in den kommenden Jahren verstärken wird. Es zeichnet sich ab, daß ihre Stoßrichtung intensiver als bisher auch auf die mittel- und osteuropäischen Länder gerichtet sein wird.

6.5 Strategische Allianzbildung

Die anhaltende Konzentration im Handel führte bei den Verbundgruppen dazu, zusätzliche Synergien im Wege der interkooperativen Zusammenarbeit zu erschließen. Die Politik des Nachteilsausgleichs erhielt hierdurch eine neue Dimension. Die Formen dieser Zusammenarbeit sind vielfältig. Sie reichen vom reinen Erfahrungsaustausch bis hin zur Gründung von Gemeinschaftsunternehmen. Häufig wird mit der Zusammenarbeit zugleich auch die Fusion angedacht, und manche interkooperative Zusammenarbeit mündete in einen Zusammenschluß.

Ebenso vielfältig wie die Formen der interkooperativen Zusammenarbeit sind auch ihre Motive. In den häufigsten Fällen geht es den Verbundgruppen darum, ihre Wettbewerbsposition zu verbessern, indem Marktanteile auf kooperativem Wege hinzugewonnen werden. Daneben stellt die Möglichkeit zur Rationalisierung ein häufiges Motiv dar. So werden einzelne Aufgaben einer der an der Zusammenarbeit beteiligten Verbundgruppen übertragen, die diese dann für alle wahrnimmt. Dies kann etwa für die Zentralregulierung in Frage kommen, genausogut aber für die Betriebsberatung oder für den Einkauf, wie überhaupt für alle nur denkbaren kooperativen Aufgabenfelder.

Ein wichtiges Motiv stellt auch die Möglichkeit dar, Zugang zu neuen kooperativen Konzepten zu erlangen. Dies kommt etwa dann in Frage, wenn eine weniger weit entwickelte Gruppe mit einer stark entwickelten zusammenarbeitet, weil sie ein Betriebstypenkonzept nicht aus eigener Kraft realisieren kann oder will.

Frühere Formen interkooperativer Zusammenarbeit fanden zwischen Verbundgruppen unterschiedlicher Branchen statt und bezogen sich überwiegend auf die Sortimentspolitik. Sie zielten darauf ab, sich gegenseitig komplementäre Sortimente zur Verfügung zu stellen, um damit eine insgesamt größere Kompetenz in der Sortimentspolitik zu gewinnen.

Neuerdings kommt es jedoch mehr und mehr auch zur Zusammenarbeit zwischen branchengleichen Verbundgruppen. Eine schwer zu nehmende Hürde hierbei stellt der Wettbewerb der Verbundgruppen untereinander dar. Durch den zunehmenden Wettbewerbsdruck in einzelnen Branchen wird diese Hürde aber überwindbar. Die Zusammenarbeit zwischen branchengleichen Verbänden spielt sich häufig auf der Grundlage von Gemeinschaftsunternehmen ab. In diese Gemeinschaftsunternehmen werden klar definierte Aufgaben eingebracht, etwa der Einkauf bestimmter Sortimente, die Entwicklung eines gemeinsamen Betriebstypenkonzeptes, die Durchführung der Zentralregulierung oder der Aufbau von Warenwirtschaftssystemen.

6.6 Marktöffnung

Traditionell ist die Tätigkeit der Verbundgruppen auf den Mitgliederkreis beschränkt. Viele Verbundgruppen haben indessen schon früh das sogenannte Drittkundengeschäft zugelassen. Es erlaubt den Verbundgruppenzentralen, Dienstleistungen auch Nichtmitgliedern anzubieten. Dieser Marktöffnungspolitik kommt neuerdings eine besondere Bedeutung zu. Sie hängt eng mit neuen Organisationskonzepten der Verbundgruppen zusammen und dient ebenfalls der Gruppenexpansion.

Viele Verbundgruppen sind dazu übergegangen, ihre Dienstleistungen in eigene operative Gesellschaften auszugründen (vgl. Abb. III-16). So wurden Versicherungsdienste, Logistikzentren, Zentralregulierungsgesellschaften oder auch Banken und Betriebsberatungsgesellschaften als eigene Tochtergesellschaften der Kooperationszentrale ins Leben gerufen. Diese Dienstleistungsgesellschaften müssen sich dem allgemeinen Wettbewerb stellen, da sie nicht mehr auf der Grundlage gruppeninterner Subventionen arbeiten, sondern weil eine klare Leistungsverrechnung mit den Mitgliedern stattfindet. Infolgedessen war es nur ein kleiner Schritt, diese hochspezialisierten und leistungsfähigen Dienstleistungsgesellschaften auch dem Markt insgesamt zur Verfügung zu stellen. Die Dienstleistungspolitik der Verbundgruppen erhält hierdurch eine neue Priorität. Sie ergänzt nicht nur das Warengeschäft und das Marketing der Verbundgruppen, sondern leistet einen eigenen Beitrag zur Erwirtschaftung von Erträgen und damit zur Stärkung ihrer Wettbewerbsposition.

Als erfolgreicher Weg hat sich die Allianzbildung von Verbundgruppen mit spezialisierten Dienstleistern erwiesen. Hierbei gründet die Verbundgruppe ihre Dienstleistungen aus und bringt sie in ein Gemeinschaftsunternehmen mit einem Logistikdienstleister, einer Werbeagentur oder einem Versicherungsmakler ein. Die Verbundgruppe hat hierdurch den Vorteil, daß sie Einfluß auf das Dienstleistungsangebot behält und zugleich Knowhow von Spezialisten hinzugewinnt.

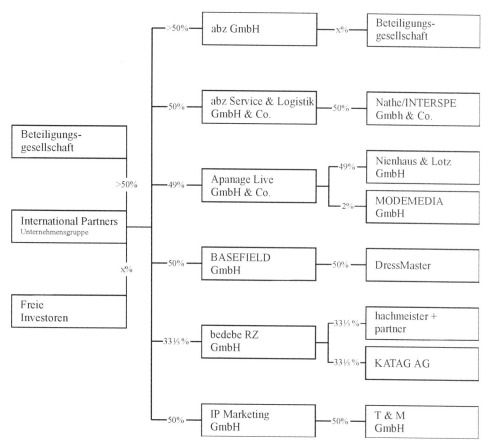

Abb. III-16: Die Neustrukturierung der Dienstleistungsgesellschaften bei der
International Partners Unternehmensgruppe

6.7 Vertikalisierung

Die Tendenz zur stufenübergreifenden Vertikalisierung der Distribution hat auch die
Verbundgruppen erfaßt. Sie werden von der Vertikalisierung nicht nur betroffen, sondern
beteiligen sich auch aktiv an der Verknüpfung von Wertschöpfungsketten, sei es mit
Blickrichtung auf die vorgelagerten Stufen der Industrie, sei es mit Blickrichtung auf die
Absatzseite. Insbesondere durch eigene Marketingaktivitäten haben sie ihre Vertikalisierung beschleunigt. Ein Beispiel hierfür liegt im Aufbau eigener Franchiselinien. Die Kooperation agiert in diesem Falle wie jeder andere Franchisegeber als Systemkopf, indem
sie ihren Anschlußhäusern oder auch Dritten Franchisekonzepte anbietet.

Die Vertikalisierung spielt sich aber auch in der Form der Rückwärtsintegration in Richtung auf die Hersteller ab. So nehmen die Verbundgruppen stärkeren Einfluß auf die Produktion und lassen nach eigenen Vorgaben Eigenmarken oder Sortimentsteile herstellen. Die Modellverbände im Möbelhandel (*Musterring, WK-Möbel*) haben schon seit jeher durch eigene Designer Möbel entworfen und diese dann in Lizenz durch ihre Vertragslieferanten herstellen lassen. Auch die Anwendung neuer Informations- und Kommunikationstechnologien führt dazu, daß sich die Verbundgruppen stärker der Schnittstelle zwischen Industrie und Handel bewußt werden und die Kooperation mit den Herstellern verstärken.

6.8 Vernetzung

Mit der Entwicklung zum Informationsverbund überschreiten die Kooperationen eine neue Schwelle in ihrer Geschichte. Sie nutzen hierbei ihre Mittlerrolle zwischen Einzelhandel auf der einen und Industrie auf der anderen Seite.

Viele Verbundgruppen haben in einer ersten Stufe ihre Mitgliedsunternehmen mit eigenen Warenwirtschaftssystemen ausgestattet. Hiermit versetzen sie ihre Kooperationspartner in die Lage, schneller auf Marktveränderungen zu reagieren. In einer zweiten Stufe werden die Warenwirtschaftssysteme mit den Gruppenzentralen vernetzt. Sie geben dann der Verbundgruppe die Möglichkeit, die Kooperationspolitik insgesamt besser zu steuern und auf die Bedürfnisse der Mitglieder hin zu orientieren.

In der dritten Stufe werden die Daten, die auf der Vernetzung mit den Mitgliedsunternehmen beruhen, auch den Herstellern zur Verfügung gestellt. Hierdurch gewinnt die Zusammenarbeit mit den Vertragslieferanten eine neue Qualität. Es geht hierbei nicht nur um den beleglosen Datenaustausch etwa bei der Zentralregulierung oder im Bestellwesen, sondern auch darum, den Herstellern die Möglichkeit zu geben, sich rascher auf Marktveränderungen einzustellen.

7. Künftige Kernherausforderungen

Nach einer Umfrage der Hochschule in St. Gallen unter 75 deutschen und schweizerischen Verbundgruppen sehen diese für ihren künftigen Erfolg die Bewältigung von fünf zentralen Herausforderungen als entscheidend an. Es geht

- um die Bewältigung des Profilierungs- und Zeitdruckes,

- um die Steigerung der Systemeffizienz,

- um eine Neuausrichtung der kooperativen Dienstleistungen,

- um die Expansion durch Mitgliederwachstum und schließlich

- um den Aufbau neuer Geschäftsfelder.

Diese Herausforderungen dürfen indessen nicht isoliert voneinander betrachtet werden. Für viele Verbundgruppen stellen sie sich gleichzeitig. Hierin liegt die eigentliche Crux für das Gruppenmanagement, nämlich in der Notwendigkeit, an mehreren Fronten gleichzeitig Erfolge erringen zu müssen.

Zur Kernherausforderung der Profilierung gehören die beschriebenen Modul-, Betriebstypen- und Vertriebsschienen-Konzepte, aber auch Kernsortiments- und Eigenmarkenstrategien und alle sonstigen Marketingkonzepte (vgl. Abb. III-17). Das gruppenspezifische Problem ist hierbei, daß diese Konzepte nicht so rasch eingeführt werden können, wie dies der Wettbewerb erforderlich macht. Dies liegt an der schwerfälligen Willensbildung. Manche Verbundgruppe hat nachweislich eine Verschlechterung ihrer Wettbewerbsposition hinnehmen müssen, weil es ihr nicht gelang, gut konzipierte Betriebstypenkonzepte mit der notwendigen Schnelligkeit zu realisieren.

Daher legen viele Verbundgruppen verstärkt Wert auf eine Straffung und Beschleunigung der Abstimmungsprozesse. Man erkennt, daß das Problem weniger in der Erarbeitung entsprechender Konzepte liegt als vielmehr in ihrer raschen Akzeptanz und Einführung. Die Verbundgruppen entwickeln spezielle Implementierungsstrategien zur Umsetzung kooperativer Konzepte. Mit der Integration auf der Basis neuer Informations- und Kommunikationstechnologien ist die Richtung hierfür vorgegeben.

	Bedeutung (Mittelwert)
1. Betriebstypen- oder Marketingkonzepte zur Profilierung im Wettbewerb entwickeln und mit den Mitgliedern realisieren	6.19
2. Neue Mitglieder im Inland gewinnen (Mitgl.-Netz verdichten)	5.84
3. Eigeninitative der Mitglieder für Maßnahmen zur Verbesserung ihrer lokalen Wettbewerbsposition anregen und fördern	5.84
4. Stärkere Zentralisierung der Einkaufsverhandlungen bei wichtigen Lieferanten	5.83
5. Informationsaustausch innerhalb der Verbundgruppe beschleunigen, um schneller und gezielter agieren zu können	5.80
6. Qualifizierung der Mitglider zum Einsatz moderner Methoden und Systeme der Betriebsführung (Warenwirtschaftssysteme, Personaleinsatzplanung usw.)	5.59
7. Beschleunigung der Entscheidungs- und Realisierungsprozesse in der Verbundgruppe	5.44
8. Kooperation zwischen Zentrale und Mitgliedern im Bereich Logistik/Warenwirtschaft intensivieren	5.32
9. Profilierungs- und/oder Rationalisierungspotentiale durch eine verstärkte Kooperation mit der Industrie ausschöpfen	5.16
10. Neuausrichtung des zentralen Dienstleistungsangebots (mitgliedergerecht und kostengünstig)	5.04
11. Endkundenmarketing seitens der Zentrale ausbauen	4.96
12. Den Mitgliedern unterschiedlich intensive Formen der Integration in die Verbundgruppe mit entsprechenden Rechten und Pflichten anbieten	4.53
13. Qualifikation der Zentrale für Einzelhandelsuafgaben verbessern	4.51
14. Wachstum ducrh Internationalisierung der Verbundgruppe	4.23
15. Verstärkte Kooperation mit anderen Verbundgruppen	4.08
16. Aufbau von Tochtergesellschaften oder Fachhändlergruppen außerhalb der angestammten Sortimentsbereiche	2.72
17. Aufbau von zentralgesteuerten Regie- oder Filialbetrieben	2.28

Legende: Die Mittelwerte basieren auf einer 7-stufigen Rating-Skala
(1 = geringe Bedeutung, 7 = hohe Bedeutung)

Abb. III-17: Rangfolge der Herausforderungen für die Zukunft
(Quelle: DAUTZENBERG 1996, S. 74)

Die Notwendigkeit einer höheren Systemeffizienz hat vor allem ihre Ursache in dem generell zunehmenden Systemwettbewerb. Zu seinen Teilnehmern gehören die großen Filialunternehmen und Konzerne, die Franchiseanbieter, aber auch die Hersteller mit ihren Distributionsaktivitäten. Dies zwingt die Verbundgruppen dazu, sich ihrerseits am Systemwettbewerb zu beteiligen. Sie tragen dieser Tatsache dadurch Rechnung, daß sie sich von losen, auf absoluter Freiwilligkeit beruhenden Zusammenschlüssen zu strafferen, auf der Basis von mehr Verbindlichkeit arbeitenden Gruppen wandeln.

Die Systembildung der Verbundgruppen ist jedoch vor allem durch die Vertikalisierung der Distributionswege gefordert. Mehr und mehr generieren sich wirtschaftliche Vorteile aus der Zusammenarbeit zwischen Handel und Industrie durch neue Formen stufenübergreifender Zusammenarbeit. Statt jährlicher Konditionengespräche wollen die Hersteller künftig Konditionen an die Erfüllung bestimmter Kriterien bei der Warendistribution knüpfen. Die Mitglieder von Verbundgruppen haben nur dann die Chance, hieran zu partizipieren, wenn sie als System auftreten und möglichst einheitlich und gemeinsam die entsprechenden Kriterien erfüllen. Hierbei spielt der kontinuierliche Warenfluß eine besondere Rolle sowie ein pünktlicher, exakter und papierloser Informationsfluß.

Gerade die Verbundgruppen können Impulse für die stufenübergreifende Zusammenarbeit geben und sind nicht darauf angewiesen, Vorgaben der Hersteller einfach nur zu akzeptieren. Je stärker sie als System auftreten, um so mehr sind sie in der Lage, selbst die Spielregeln der Vertikalisierung von Prozessen zu bestimmen.

Im Hinblick auf die Dienstleistungen für ihre Mitgliedsunternehmen besinnen sich viele Kooperationen auf ihre Kernkompetenzen zurück. In eigener Regie werden nur noch solche Dienstleistungen erstellt, für deren Erarbeitung man die Kompetenz hat. Ansonsten werden Dienstleistungen ausgegliedert oder im Wege der interkooperativen Zusammenarbeit angeboten.

Hierzu steht nicht im Widerspruch, daß sich viele Verbundgruppen um neue Dienstleistungen bemühen. So spielen neuerdings Dienstleistungen im Finanzierungsbereich eine besondere Rolle. Einige Verbundgruppen bieten das Factoring oder auch Leasing an, oder es werden Finanzierungshilfen für den Ladenrelaunch zur Verfügung gestellt.

Manche Verbundgruppe steht unter erheblichem Expansionsdruck oder zumindest vor der Aufgabe, Umsatz- und Ertragsschwund durch Abschmelzen der Mitglieder zu kompensieren. Nicht nur die seit 1992 schlechte Handelskonjunktur, sondern stärker noch strukturelle Probleme, wie das Aufgeben wegen Unterkapitalisierung oder fehlender Nachfolge, führen zu einem Mitgliederschwund. Erfolgreiche Kompensationsstrategien liegen darin, die Bezugsquote der Mitglieder zu erhöhen, Mitglieder im Ausland zu gewinnen oder auch bislang nicht für möglich gehaltene Marktsegmente im Wege der Diversifikation zu erschließen.

Teil IV: Einkaufskooperationen im Handwerk
(von WOLFGANG SERVET)

In Delitzsch, Kreuzgasse 10, gründete Hermann Schulze-Delitzsch 1849 die erste Tischler- und Schuhmacher-Assoziation. Dieser Ort ist also die Keimzelle des auf Hermann Schulze-Delitzsch und Friedrich Wilhelm Raiffeisen (für den ländlichen Bereich) beruhenden freien Genossenschaftswesens, das sich seitdem auf einem Siegeszug rund um die Welt befindet (vgl. WÜLKER 1992, S. 2 ff.).

In der Bundesrepublik waren 1995 insgesamt 389 Handwerkergenossenschaften tätig, die sich wie folgt untergliedern lassen:

- Einkaufsgenossenschaften des Nahrungsmittelhandwerks (Bäcker, Fleischer)

- Einkaufsgenossenschaften des Bau- und Ausbaugewerbes (u. a. Dachdecker, Maler, Glaser, Schreiner)

- Sonstige Einkaufsgenossenschaften verschiedener Handwerkszweige (u. a. Friseure, Schneider, Schuhmacher).

Den Handwerkergenossenschaften gemeinsam ist die Tatsache, daß diese Unternehmen - von ganz wenigen Ausnahmen abgesehen - in der Rechtsform der eingetragenen Genossenschaft arbeiten. Erwähnenswert ist weiterhin, daß die Geschäftstätigkeit der Handwerkergenossenschaften regional begrenzt ist, d. h. international und bundesweit tätige Handwerkergenossenschaften (vgl. Abb. IV-1) - wie z. B. die *EVG Bau- und Glastechnik eG* mit 16 Filialen - sind die Ausnahme. Die regionalen Einkaufsgenossenschaften der Bäcker, Fleischer, Dachdecker und Schuhmacher haben sich ihrerseits in Zentralgenossenschaften zusammengeschlossen.

	Umsatz (Mio. DM)	Mitglieder	Niederlassungen
ZEG Holz und Kunststoff eG, Stuttgart	367,4	3.281	6
HAGOS Verbund deutscher Kachelofen- und Luftheizungsbauerbetriebe eG, Stuttgart	204,1	900	9
EVG Bau- und Glastechnik eG, Berlin	158,5	2.564	16
Wasser und Licht Installationsgroßhandlung eG, Holzminden	50,9	157	0

Abb. IV-1: Bundesweit tätige Handwerkergenossenschaften 1995

1. Genossenschaftliche Idee und genossenschaftlicher Förderauftrag

Da die Handwerkergenossenschaften fast ausnahmslos als eingetragene Genossenschaften am Markt in Erscheinung treten, ist es wohl angebracht, kurz auf die genossenschaftliche Idee sowie den in § 1 Genossenschaftsgesetz verankerten Förderauftrag einzugehen und einige wenige Erläuterungen hierzu voranzustellen.

1.1 Die genossenschaftliche Idee: Selbsthilfe, Selbstverwaltung, Selbstverantwortung

Die bei der ersten Gründung von Handwerkergenossenschaften in 1849 für Schulze-Delitzsch bestimmenden Prinzipien der Selbsthilfe, der Selbstverwaltung und Selbstverantwortung sind auch heute noch unverändert die tragenden Elemente jeder Genossenschaft. Bei seinen Genossenschaftsgründungen ließ sich Schulze-Delitzsch von dem Grundsatz der eigenverantwortlichen Selbsthilfe innerhalb eines freien Wirtschaftssystems leiten. Genossenschaftliche Selbsthilfe bedeutet im einzelnen:

- freiwilliger Zusammenschluß der Mitglieder

- Aufbringung der erforderlichen finanziellen Mittel durch die Mitglieder

- Bereitschaft der Mitglieder, füreinander einzustehen.

Schulze-Delitzsch bejahte also den Wettbewerb in einer marktwirtschaftlichen Ordnung; durch die Zusammenarbeit in Genossenschaften sollten die im Konkurrenzkampf Benachteiligten in die Lage versetzt werden, am Markt bestehen zu können. Bundespräsident Theodor Heuss hat dies 1948 bei seiner Gedächtnisrede wie folgt gewertet: „Schulze-Delitzschs Leistung ist eingegangen in die Rettung, Festigung, Erneuerung eines breiten mittelständischen Selbstbewußtseins, und das ist gewiß nichts Geringes" (HEUSS 1956, S. 17).

Wie aktuell die vor rd. 150 Jahren von Schulze-Delitzsch konzipierten Überlegungen auch heute noch sind, zeigt sich nicht zuletzt daran, daß auch in der bei uns weitgehend praktizierten sozialen Marktwirtschaft die Selbsthilfe und die freiwillige Solidarität im Vordergrund stehen, während die staatlich organisierte Solidarität demgegenüber von untergeordneter Bedeutung ist (vgl. SCHÜLLER 1996, S. 1 f.). Daß wir uns zwischenzeitlich in der Bundesrepublik verstärkt in Richtung auf eine wohlfahrtsstaatliche Marktwirtschaft entwickelt haben, zeigen u. a. die finanziellen Probleme der Sicherungssysteme und die damit verbundene aktuelle Diskussion über Rentenreform, Gesundheitsreform usw.

Der genossenschaftliche Grundsatz der Selbstverwaltung folgt aus der Selbsthilfe und findet seine Ausgestaltung vor allem in dem Recht der Mitglieder, auf die Geschicke der Genossenschaft in der Generalversammlung einzuwirken. Aus dem Grundsatz der Selbstverwaltung folgt dann das genossenschaftliche Prinzip der Selbstverantwortung, mit anderen Worten: Jedes Mitglied muß ggf. auch durch die Leistung von Nachschüssen für einen eventuellen Mißerfolg seiner Genossenschaft einstehen.

1.2 Stärkung der Wettbewerbsfähigkeit der Mitglieder

Da eine Genossenschaft eine Vereinigung mit besonderem Zweck ist und sich bei ihrer Arbeit ausschließlich nach den Belangen der Mitglieder, die gleichzeitig auch Kunden sind, richtet, ist in § 1 Genossenschaftsgesetz die Verpflichtung festgeschrieben, die Mitglieder wirtschaftlich zu fördern. Dieser Förderauftrag wird heute allgemeinverständlich mit dem Auftrag zur Verbesserung der Wettbewerbsfähigkeit der Mitglieder umschrieben. Die inhaltliche Ausfüllung des Förderauftrags in den einzelnen Branchen und im Zeitablauf zeigt, daß dieser genossenschaftliche Grundauftrag keine statische Aufgabe ist, sondern ein dynamischer Prozeß. Die Wirtschaftsentwicklung erfordert eine ständige Anpassung der Förderinstrumente an die sich ändernden Ansprüche der Mitglieder, die durch deren jeweilige Wettbewerbssituation bedingt sind.

Es darf in diesem Zusammenhang jedoch nicht übersehen werden, welche Rückkoppelungseffekte von den Förderleistungen ausgehen. Jedes Mitglied ist zwar bei seinen Entscheidungen völlig frei, es ist aber unabdingbar, daß die Mitglieder die Zusammenarbeit mit ihrer Genossenschaft immer weiter intensivieren, um ihre Selbsthilforganisation im eigenen Interesse noch stärker zu machen - das erfordert allein der Markt. Nur dann können neben einem marktgerechten Sortiment auch die für jeden Mitgliedsbetrieb im Wettbewerb dringend benötigten Dienstleistungen erbracht werden. Kurz zusammengefaßt bedeutet dies, daß nur das Mitglied einen Förderanspruch erheben kann, das seinerseits seine Genossenschaft als Förderungseinrichtung unterstützt.

Eine Genossenschaft erfüllt also ihren Zweck, wenn sie

- eine Leistung erwirtschaftet,

- diese an die Mitglieder weitergibt und

• den eigenen Betrieb absichert, um langfristig förderfähig zu bleiben.

An dieser Stelle noch ein kurzes Wort zur „Warenrückvergütung" oder - wie die neuere Bezeichnung lautet - „genossenschaftlichen Rückvergütung", die eine der eingetragenen Genossenschaft eigentümliche und nur bei dieser anzutreffende Form der Überschußverteilung an die Mitglieder auf der Grundlage und nach alleiniger Maßgabe der Mitgliederumsätze darstellt und in früheren Jahren als ein wesentliches Förderinstrument angesehen wurde. Die Bedeutung der genossenschaftlichen Rückvergütung hat in den letzten Jahrzehnten erheblich an Bedeutung verloren, zumal sie ein starres System darstellt, daß keinerlei Differenzierung nach Höhe der Mitgliederumsätze, nach Sortimenten usw. zuläßt. Im übrigen ist das Mitglied im Wettbewerb auf aktuelle Marktpreise beim Einkauf angewiesen; eine Rückvergütung nach Ablauf des Geschäftsjahres ist da wenig hilfreich.

2. Grundlegende Entwicklungstendenzen bei Handwerkergenossenschaften

Es soll an dieser Stelle zunächst auf die traditionell engen Verbindungen zwischen berufsständischer Organisation und Handwerkergenossenschaft eingegangen werden, die - wie die Praxis zeigt - gelegentlich auch zu Problemen zulasten des genossenschaftlichen Unternehmens führen kann. Gegenstand der folgenden Erörterungen ist außerdem die Ergänzung der Einkaufstätigkeit dieser handwerkereigenen Unternehmen und deren Entwicklung zu Marketinggenossenschaften.

2.1 Aus dem Handwerk für das Handwerk

Die Verbindungen zwischen den einzelnen Handwerkergenossenschaften und den jeweiligen berufsständischen Organisationen (Innungen, Landesinnungsverbände, Bundesfachverbände) erweisen sich in der Regel als sehr eng; das Schwergewicht der Zusammenarbeit bezieht sich auf die im Einzugsgebiet der jeweiligen Genossenschaften ansässigen Innungen. Der Anstoß für die Gründung einer Handwerkergenossenschaft ist fast immer von den Innungen ausgegangen, und das hat nicht selten zur Folge, daß das Ehrenamt im Aufsichtsrat und auch im Vorstand für sich ein erhebliches - und manchmal sogar ein zu starkes - Gewicht beansprucht und durchsetzt. Das stellt sich sehr oft als Nachteil für die Entwicklung der Genossenschaft heraus, wenn dadurch ökonomisch sinnvolle Maßnahmen (u. a. auch Fusionen mit benachbarten Genossenschaften) verhindert werden und die Arbeit des hauptamtlichen Vorstands unnötig behindert wird. Hinsichtlich der Fremdeinflüsse auf Genossenschaften über Organmitglieder bleibt also festzuhalten: „Organmitglieder müssen sich im Rahmen ihrer Organtätigkeit ausschließlich für die Belange der Genossenschaft und ihrer Mitglieder einsetzen und berufsständische und sonstige Interessen zurückstellen", d. h. Mandatspflichten gehen vor Berufsstandspflichten (vgl. ZENTRALVERBAND DER GENOSSENSCHAFTLICHEN GROSSHANDELS- UND DIENSTLEISTUNGSUNTERNEHMEN E.V. 1988, S. 47 f.).

An dieser Stelle ist auch auf § 54 Handwerksordnung zu verweisen, der bestimmt, daß es Aufgabe der Handwerksinnung ist, die gemeinsamen gewerblichen Interessen ihrer Mitglieder zu fördern; es folgt dann ein umfangreicher Aufgabenkatalog, und zu den Muß-Bestimmungen gehört die Förderung des Genossenschaftswesens im Handwerk. § 55 Handwerksordnung befaßt sich mit der Satzung einer Innung, und es heißt dort: „Die Aufgaben der Handwerksinnung, ihre Verwaltung und die Rechtsverhältnisse ihrer Mitglieder sind, soweit gesetzlich nichts darüber bestimmt ist, durch die Satzung zu regeln." Die Satzung muß also Bestimmungen enthalten u. a. über die Aufgaben der Handwerksinnung und damit ist gleichzeitig auch eine Verbindung zu § 54 Handwerksordnung hergestellt.

Unter rein rechtlichen Gesichtspunkten kann man zwar sagen, daß in die Satzung einer Handwerksinnung die Förderung des Genossenschaftswesens nicht unbedingt aufgenommen werden muß, da diese Aufgabe bereits in dem Gesetz „Handwerksordnung" steht, mit anderen Worten: Die Handwerksordnung steht über der Innungssatzung.

Der gesetzliche Förderauftrag einer Genossenschaft ist ebenfalls in einem Gesetz (Genossenschaftsgesetz) verankert, d. h. eine Wiederholung in der Genossenschaftssatzung würde sich ebenfalls erübrigen. Aber dennoch ist der Förderauftrag in jeder Genossenschaftssatzung verankert, weil es sich dabei um die wesentliche Aufgabe einer Genossenschaft handelt. Was würden die Genossenschaftsmitglieder wohl sagen, wenn aus der Satzung der Förderauftrag unter Hinweis auf das Genossenschaftsgesetz gestrichen würde?

Aus diesem Hinweis ist zu ersehen, welche Signalwirkung bzw. psychologische Wirkung davon ausgeht, wenn die Förderung des Genossenschaftswesens in einer Innungssatzung nicht enthalten ist, bzw. aus der Satzung einer Innung gestrichen würde. Dabei ist zu bedenken, daß die Handwerkergenossenschaften aus dem Handwerk für das Handwerk entstanden sind; es handelt sich also um handwerkereigene Unternehmen.

Die optimale und damit erfolgreiche Ausgestaltung des Verhältnisses zwischen Handwerkergenossenschaft und Berufsstand ist eine ständige Aufgabe, deren Bedeutung keineswegs unterschätzt werden darf, denn es geht schließlich und endlich um den größtmöglichen Nutzen für die Handwerksbetriebe, die sich der Genossenschaft angeschlossen haben. Dieser Erfolg tritt aber nur dann ein, wenn sich eine Genossenschaft - unbeeinflußt von außen - marktkonform und betriebswirtschaftlich effizient verhalten kann.

2.2 Von der Einkaufsgenossenschaft zum Marketing-Unternehmen

Vorhin ist kurz der genossenschaftliche Förderauftrag angesprochen worden, der bereits die Aufgabenstellung der ersten zur Mitte des vergangenen Jahrhunderts gegründeten Genossenschaften bestimmte und in dem Genossenschaftsgesetz von 1867, dessen Entwurf auf Schulze-Delitzsch zurückgeht, seinen Niederschlag fand. Desweiteren wurde festgestellt, daß der im Gesetz allgemein umschriebene Förderauftrag der jeweiligen Konkretisierung angesichts unterschiedlicher Branchengegebenheiten und veränderter Wettbewerbssituationen bedarf.

Einem möglichen Mißverständnis sollte an dieser Stelle vorgebaut werden: Der Förderauftrag ist keineswegs eine Spezialität der eingetragenen Genossenschaft, vielmehr besteht die Besonderheit lediglich darin, daß der Förderauftrag in § 1 Genossenschaftsgesetz verankert ist und von dort in die Satzungen der einzelnen Genossenschaften nahtlos übernommen wird. Die Einkaufskooperationen/Verbundgruppen des Handels, die z. T. als Aktiengesellschaft, Gesellschaft mit beschränkter Haftung oder Kommanditgesellschaft im Markt operieren, sind ebenfalls förderungswirtschaftliche Unternehmen und bei ihrer Geschäftstätigkeit speziell auf ihre Mitglieder/Gesellschafter ausgerichtet; dies findet seinen Niederschlag in den jeweiligen Gesellschaftsverträgen, ohne daß eine unmittelbare gesetzliche Verpflichtung - wie beim Genossenschaftsgesetz - besteht.

Geändert haben sich aber seit der Gründung der ersten Handwerkergenossenschaften die Bedingungen, unter denen genossenschaftliche Unternehmen ihre Aufgaben gegenüber ihren Handwerksmitgliedern jeweils zu erfüllen hatten. Die vielfach auch heute noch gebräuchliche und historisch überlieferte Bezeichnung „Einkaufsgenossenschaft" oder „Einkaufs- und Liefergenossenschaft" ist in gewisser Weise irreführend. Selbstverständlich werden die angeschlossenen Mitglieder auch weiterhin mit den von ihnen benötigten Waren versorgt, aber diese Einkaufstätigkeit ist in den zurückliegenden Jahrzehnten zunehmend durch weitere Funktionen zugunsten einer verstärkten Ausrichtung auf die Absatzmärkte der Mitglieder ergänzt worden; man spricht von sog. Full-Service-Unternehmen oder Marketing-Genossenschaften.

Mittelständische Handwerker benötigen im Wettbewerb als „Rückhalt" ein Unternehmen, das nicht nur preisgünstige Waren liefert, sondern auch die Dienstleistungen anbietet, die ein kleines und mittleres Unternehmen - im Vergleich zu den über andere Möglichkeiten verfügenden Großbetrieben - überhaupt nicht oder nur sehr unvollkommen selbst „produzieren" kann; die Handwerkergenossenschaft erweist sich insofern für das einzelne Mitglied als „Großbetriebsersatz". Das genossenschaftliche Konzept besteht also darin, dezentrale und zentrale Organisationsstrukturen zu verbinden und der Zentrale bestimmte Aufgaben zwecks Leistungserstellung für die Mitglieder zu übertragen.

Entscheidend tragen Handwerkergenossenschaften mit ihrer umfassenden Tätigkeit dazu bei, strukturbedingte (d. h. durch die eigene Betriebsgröße verursachte) Nachteile kleiner und mittlerer Handwerksbetriebe auszugleichen; sie betreiben mithin aus eigener Kraft und ohne Hilfe des Staates Strukturpolitik für kleine und mittlere Unternehmen (= Mittelstandspolitik) und tragen dadurch entscheidend zu einem funktionierenden Wettbewerb bei.

Nachstehend einige Beispiele für über das reine Warengeschäft hinausgehende Dienstleistungsangebote von Handwerkergenossenschaften, wobei an dieser Stelle angesichts der Vielfalt der von genossenschaftlichen Großhandelsunternehmen der unterschiedlichen Branchen entwickelten Serviceleistungen nur einige grundsätzliche Hinweise gegeben werden können:

- Marktbeobachtung und -analyse
  (neue Tätigkeitsfelder, neue Produkte und Anwendungen)

- Marktgerechte Sortimentspolitik

- Gruppeneigene Handelsmarken

- Marketingunterstützung

- Hausmessen

- Beratungsleistungen/Schulungen
  a) fachlich
  b) betriebswirtschaftlich

- Reparaturdienst

- Inkassotätigkeit für die Mitglieder

- Einheitliches Gruppenzeichen

• Öffentlichkeitsarbeit

Die Entwicklung der zurückliegenden Jahre hat immer deutlicher gezeigt, daß diesem Dienstleistungspaket rund um die Ware ständig wachsende Bedeutung zukommt. Man kann sogar sagen, daß diese „zusätzliche Hilfe" der Handwerkergenossenschaften für ihre Mitglieder in hohem Maße über die Mitgliederbindung entscheidet, denn eine vorwiegend emotionale Bindung der Mitglieder an ihre Genossenschaft - wie sie vor 10 oder 20 Jahren vielleicht dominierend war - gehört der Vergangenheit an, und die günstige Warenbeschaffung stellt sicher heute kein Problem mehr dar. Die jüngeren Handwerksmeister sehen viel stärker als die vorangegangene Generation auf den ökonomischen Nutzen einer Mitgliedschaft in der Genossenschaft.

2.3 Entwicklung zu leistungsfähigeren Unternehmenseinheiten

Dienstleistungen kosten Geld, und den hierfür notwendigen Personal- und Sachaufwand können sich nur leistungsfähige und ertragsstarke Handwerkergenossenschaften leisten. Eine erste Voraussetzung zur Erreichung dieses Zieles ist die Schaffung optimaler Betriebsgrößen, d. h. benachbarte Handwerkergenossenschaften der gleichen Branchen fusionieren. Dabei ist zu bedenken, daß Konzentration ein für die Wirtschaft charakteristischer Vorgang ist; die horizontale Konzentration bei Genossenschaften beinhaltet deren Fusion (Verschmelzung). Bei einer Fusion geben Unternehmen ihre Selbständigkeit auf, um in einem größeren Verbund i. S. einer vorausschauenden Geschäftspolitik bessere Entfaltungsmöglichkeiten zu finden. Die dabei entstehenden Synergieeffekte kann man wie folgt untergliedern:

• Verbesserung der Leistungsfähigkeit

• Verbesserung des Leistungsangebots

• Rationellere Ausübung von betrieblichen Funktionen

• Wirksamerer Einsatz des wirtschaftlichen Potentials

Im Bereich der Handwerkergenossenschaften ist diesbezüglich in den zurückliegenden 35 Jahren viel geschehen, aber noch längst nicht genug. So ist die Zahl der Einkaufsgenossenschaften im Nahrungsmittelhandwerk (Bäcker, Fleischer) von 399 (1960) auf 203 in 1995 zurückgegangen (vgl. Abb. IV-2); gleichzeitig ist deren Umsatz von 1,0 Mrd. DM (1960) auf 5,6 Mrd. DM (1995) gestiegen (vgl. Abb. IV-3). Eine ähnliche Entwicklung ist bis 1990 bei den Handwerkergenossenschaften des Bau- und Ausbaugewerbes zu verzeichnen, deren Gesamtzahl sich von 122 in 1960 auf 74 (1990) verringert hat, während der Umsatz im gleichen Zeitraum von 207 Mio. DM auf immerhin 2,7 Mrd. DM (1990) angestiegen ist. Die große Zahl der ostdeutschen ELGs (= Handwerkergenossenschaften) hat den seit Jahrzehnten in den Altbundesländern festzustellenden Trend der rückläufigen Unternehmenszahl mit 130 (1995) mehr als kompensiert.

	1960	1970	1980	1990	1995
Einkaufsgenossenschaften des Nahrungsmittelhandwerks	399	318	237	200	203
Einkaufsgenossenschaften des Bau- und Ausbaugewerbes	122	108	84	74	130
Sonstige Handwerkergenossenschaften	101	59	43	32	56
	622	485	364	306	389

Abb. IV-2: Zahl der Handwerkergenossenschaften

	1960	1970	1980	1990	1995
Einkaufsgenossenschaften des Nahrungsmittelhandwerks	1.019	1.709	3.589	4.610	5.620
Einkaufsgenossenschaften des Bau- und Ausbaugewerbes	207	581	1.626	2.666	4.918
Sonstige Handwerkergenossenschaften	52	80	147	207	215
	1.278	2.370	5.362	7.483	10.753

Abb. IV-3: Umsatz (in Mio. DM) der Handwerkergenossenschaften

Aus dieser Entwicklung läßt sich gleichzeitig ablesen, daß sich die durchschnittliche Unternehmensgröße (bezogen auf die beiden vorgenannten Bereiche) von 2,9 Mio. DM Jahresumsatz (1960) auf annähernd 32 Mio. DM Jahresumsatz (1995) erhöht hat (vgl. Abb. IV-4).

	1960	1970	1980	1990	1995
Einkaufsgenossenschaften des Nahrungsmittelhandwerks	2,6	5,4	15,1	23,1	27,7
Einkaufsgenossenschaften des Bau- und Ausbaugewerbes	1,7	5,4	19,4	36,0	37,8
Sonstige Handwerkergenossenschaften	0,5	1,4	3,4	6,5	3,8
Alle Handwerkergenossenschaften	2,1	4,9	14,7	24,5	27,6

Abb. IV-4: Durchschnittliche Umsatzgröße (in Mio. DM) der Handwerkergenossenschaften

2.4 Zur Situation der Handwerkergenossenschaften in der ehemaligen DDR

Die Einkaufskooperationen/Verbundgruppen in Einzelhandel und Handwerk sind auch in den neuen Bundesländern eine unerläßliche Hilfe für die Existenzgründung und -sicherung eines wettbewerbsfähigen gewerblichen Mittelstandes. Diese Aufbauarbeit ist nach wie vor zum einen durch die schwierige Anpassungsphase geprägt, die sich in der ostdeutschen Wirtschaft vollzieht. Andererseits sind die Voraussetzungen für die Schaffung leistungsfähiger mittelständischer Unternehmen in Handel und Handwerk in den neuen Bundesländern recht unterschiedlich.

Die Einzelhandelsstruktur in der ehemaligen DDR war geprägt vom volkseigenen und konsumgenossenschaftlichen Einzelhandel mit einem Marktanteil von nahezu 90%; demgegenüber hatte der private Einzelhandel nur einen Marktanteil von etwa 10%. Diese Situation ist gleichzeitig auch eine Erklärung dafür, daß man bei der Wende keine Einzelhandelskooperationen in den neuen Bundesländern vorfand.

Ganz anders stellte sich demgegenüber die Situation im Handwerk dar. In der ehemaligen DDR wurden handwerkliche Leistungen zu 59% von privaten Betrieben und zu 41% von Produktionsgenossenschaften des Handwerks (PGHs) erbracht. Mithin war das Handwerk der einzige Wirtschaftsbereich, in dem sich das Eigentum an den Produktionsmitteln und die Verfügungsgewalt überwiegend in privater Hand befanden. Ein privater Handwerksbetrieb durfte jedoch nur maximal 10 Beschäftigte haben. Was die Großhandelsseite anbetrifft, wurden die PGHs in der Regel von Arbeitsgemeinschaften der Pro-

duktionsgenossenschaften versorgt, während sich die privaten Handwerker in Einkaufs-
und Liefergenossenschaften (ELGs) des jeweiligen Handwerksbereichs
(= Handwerkergenossenschaften) zusammengeschlossen haben. Die Gesamtzahl der
ELGs dürfte bei weit über 1.000 gelegen haben.

Die große Zahl der ELGs mit jeweils niedrigen Umsätzen im Vergleich zu den rd. 306
Handwerkergenossenschaften (1990) in den alten Bundesländern mit 7,5 Mrd. DM Umsatz verdeutlicht die für heutige Wettbewerbsverhältnisse vielfach unzureichenden Betriebsgrößen; außerdem fehlte oft die Spezialisierung auf einen bestimmten Handwerks-
bereich. Als ein Beitrag zur Bildung leistungsfähiger regionaler Handwerkergenossenschaften als Partner des ostdeutschen Handwerks sind u. a. die vielfältigen Kooperationen mit westdeutschen Handwerkergenossenschaften zu sehen, die von losen Partner-
schaften bis hin zu Fusionen reichen. Den Zusammenschlüssen mit benachbarten Genossenschaften standen andererseits auch Liquidationen gegenüber, weil Überlebenschancen
im härter werdenden Wettbewerb verneint wurden.

Es gilt weiterhin unverändert - und noch eindeutiger als in den Altbundesländern - die
Notwendigkeit, daß sich die ELGs größenmäßig zu leistungsfähigen genossenschaftlichen Unternehmen entwickeln müssen. Auch wenn erfolgversprechende Schritte zur
Verwirklichung dieses Ziels bereits in vielfältiger Weise unternommen wurden, bleibt
dennoch auf diesem Gebiet einiges zu tun. Der genossenschaftliche Förderauftrag stellt
auch den ostdeutschen Handwerkergenossenschaften die Aufgabe, die Wettbewerbsfähigkeit ihrer Mitglieder zu stärken. Dies kann nur dann mit Erfolg bewältigt werden,
wenn diese Handwerkergenossenschaften ihren Mitgliedern nicht nur ein umfassendes
Warensortiment anbieten, sondern gleichzeitig auch eine reichhaltige Palette an Dienstleistungen zur Verfügung stellen.

3. Die Bedeutung der Handwerkergenossenschaften im Markt

Konzentration und zunehmende Kooperation - speziell im mittelständischen Bereich von
Handel und Handwerk - sind schon seit längerer Zeit die herausragenden Vorgänge des
Wirtschaftsgeschehens. In seiner Untersuchung aus 1989 „Die handels- und wettbewerbspolitische Bedeutung der Kooperationen des Konsumgüterhandels" kommt das ifo Institut für Wirtschaftsforschung (München) zu dem Ergebnis, daß die Kooperationen von
entscheidender Bedeutung für die Erhaltung der Wettbewerbsfähigkeit und längerfristi-
gen Existenzsicherung des kleinen und mittleren Fachhandels sind. Diese positive Beur-

teilung der Geschäftätigkeit der Einkaufsgenossenschaften/Verbundgruppen im Konsumgüterhandel basiert auf empirischen Erhebungen.

Eine vergleichbare Untersuchung für das Handwerk gibt es nicht, aber alle Anzeichen deuten darauf hin, daß die Handwerksbetriebe ihre Genossenschaften in gleicher Weise positiv beurteilen (vgl. ASCHHOFF/HENNINGSEN 1985, S. 86 ff.). Das Kriterium „Organisationsgrad" mag als ein Beweis für diese Aussage dienen: Aufgrund der Leistungsfähigkeit der Handwerkergenossenschaften und der engen berufsständischen Verbindungen ist der Organisationsgrad im Handwerk in der Regel deutlich höher als die entsprechende Kennziffer in den jeweiligen Einzelhandelsbranchen. Als Organisationsgrad bezeichnet man den Anteil der Unternehmen einer Branche, die einer Kooperation angehören.

3.1 Bäcker- und Konditorengenossenschaften

Die *BÄKO*-Genossenschaften sind die Einkaufsgenossenschaften des Bäcker- und Konditorenhandwerks auf der Primärstufe *(BÄKO*-Lokalgenossenschaften*)*. Sie beliefern die Backbetriebe mit allen erforderlichen Rohstoffen, die zur Herstellung von Backwaren aller Art benötigt werden, ferner mit Handelswaren, mit Hilfs- und Betriebsstoffen einschließlich Verpackungsmaterial für die Produktion und den Verkauf sowie mit Maschinen, Geräten und Anlagen einschließlich Ladeneinrichtungen. Neben dem Warengeschäft bieten diese *BÄKO*-Genossenschaften umfangreiche Dienstleistungen für die Handwerksbetriebe an (z. B. Schulungen und Beratungen sowie Unterstützung in Finanzierungsfragen und in Marketingangelegenheiten). Darüber hinaus unterhalten sie vielfach eigene Werkstätten für die Wartung und Reparatur von Maschinen und Geräten (vgl. SERVET 1996, S. 76 f.).

Die erste *BÄKO*-Ortsgenossenschaft wurde Ende des vergangenen Jahrhunderts gegründet. Zum Jahresende 1995 gehörten insgesamt 95 *BÄKO*-Genossenschaften und 2 GmbHs zur *BÄKO*-Organisation. Davon entfielen auf die alten Bundesländer 74 Unternehmen und auf die neuen Bundesländer 23; bei der letztgenannten Zahl ist zu bedenken, daß es in den neuen Bundesländern vor Einführung der Währungs-, Wirtschafts- und Sozialunion rd. 160 ELGs des Bäcker-, Konditoren- und Müllerhandwerks gab. Der Gesamtumsatz dieser 97 *BÄKOs* belief sich in 1995 auf 3,6 Mrd. DM; der Durchschnittsumsatz aller *BÄKO*-Großhandelsunternehmen betrug mithin rd. 37 Mio. DM (zwischen rd. 1 Mio. DM und 171,3 Mio. DM Jahresumsatz).

Eine organisatorische Besonderheit der *BÄKO*-Gruppe im Vergleich zu den übrigen genossenschaftlichen Handwerksgruppierungen ist deren dreistufiger Aufbau, d. h. die 97 *BÄKO*-Genossenschaften und -GmbHs sind ihrerseits in vier *BÄKO*-Landeszentralen

- *BÄKO* Zentrale Bayern - Württemberg eG, Landeszentrale der Bayerischen und Württembergischen Bäcker- und Konditorengenossenschaften

- *BÄKO* Zentrale Nord eG

- *BÄKO* Zentrale Süd-West, Landeszentrale badischer, hessischer, pfälzischer und saarländischer Bäcker- und Konditorengenossenschaften eG

- *BÄKO*-Zentrale West eG

zusammengeschlossen, die in 1995 einen Umsatz von knapp 2,8 Mrd. DM tätigten. Mit Wirkung ab Jahresbeginn 1998 haben sich die *BÄKO*-Zentrale Bayern-Württemberg eG sowie die *BÄKO*-Zentrale Süd-West eG zur *BÄKO*-Zentrale Süd-Deutschland eG vereinigt; dieses fusionierte Unternehmen wird dann 53 regionale *BÄKO*-Genossenschaften betreuen und einen Umsatz von annähernd 1,4 Mrd. DM erzielen.

Die *BÄKO*-Bundeszentrale, die von den Landeszentralen getragen wird und als Koordinierungsstelle der Gesamtorganisation fungiert, betreibt fast ausschließlich das Vermittlungsgeschäft (1995: knapp 1,6 Mrd. DM); entgegen der allgemein moderaten Umsatzentwicklung der letzten Jahre konnten gerade die *BÄKO*-Eigenmarken eine deutlich positive Entwicklung verzeichnen. Im Dienstleistungsbereich ist die Erarbeitung und Durchführung von Marketingaktivitäten die wesentliche Aufgabe der *BÄKO*-Bundeszentrale.

Von den rd. 28.000 Bäcker- und Konditoren-Betrieben gehörten 1995 den *BÄKO*-Lokalgenossenschaften 22.028 als backende Mitglieder an (Organisationsgrad: 79%). Unter Berücksichtigung des Nichtmitgliedergeschäftes verzeichneten die *BÄKO*-Genossenschaften am Jahresende 1995 mehr als 26.000 Mitglieder/Kunden, d. h. etwa 93% aller Bäcker- und Konditorenbetriebe in der Bundesrepublik kaufen u. a. bei der regionalen *BÄKO*. Die Zahl der rd. 20.000 Filialen im westdeutschen Bäckerhandwerk übertraf erstmals die 19.448 verbliebenen, in die Handwerksrolle eingetragenen Betriebe.

Im Hinblick auf eine weitere Steigerung ihrer Leistungsfähigkeit geht die *BÄKO*-Gruppe davon aus, daß Anfang des kommenden Jahrtausends etwa 30 - 40 *BÄKO*-Genossenschaften mit Durchschnittsumsätzen von 100 Mio. DM tätig sein werden. Wenn man bedenkt, daß zur Zeit die 40 größten *BÄKOs* bereits 78% des Gesamtumsat-

zes auf sich vereinigen, dann kann man diese Prognose durchaus als realistisch bezeichnen.

3.2 Wirtschaftsorganisationen des Fleischergewerbes

Die Tätigkeit der Fleischergenossenschaften - die ersten Gründungen erfolgten nach
1860 - war ursprünglich auf die Sammlung, Aufbereitung und Vermarktung von Häuten,
Fellen und Fetten sowie auf den Einkauf von Därmen, Gewürzen und Fleischereibedarfs-
Artikeln ausgerichtet. In den 50er Jahren wandelte sich das wirtschaftliche Umfeld des
Fleischergewerbes sowohl auf der Bezugs- als auch auf der Absatzseite, und mithin erga-
ben sich für die Fleischergenossenschaften neue zusätzliche Aufgabenfelder. Dabei ging
es zum einen um günstige Bezugsmöglichkeiten von geschlachteten Tieren und Teilstük-
ken und andererseits um eine Verbreiterung des Lebensmittelangebotes, um den zunehmenden Aktivitäten des Lebensmittelhandels zu begegnen (vgl. SERVET 1996, S. 76 f.).

Angesichts der tiefgreifenden Strukturveränderungen kann festgestellt werden, daß 75%
des Umsatzes der Fleischergenossenschaften heute mit Artikeln erzielt werden, die vor
etwa 20 Jahren noch nicht zum klassischen Sortiment dieser Handwerkergenossenschaften gehörten. Zuständig für diese zentrale Geschäftspolitik und deren Umsetzung ist die
ZENTRAG Zentralgenossenschaft des deutschen Fleischergewerbes eG, die 1947 gegründet wurde und 1995 rd. 450 Mio. DM umsetzte. Die Haupttätigkeit der *ZENTRAG*
bezieht sich auf folgende Geschäftssparten:

- Großhandel Fleischereibedarf

- Importe Fleisch/Geflügel

- Eigenmarken

Ein halbes Jahrhundert nach ihrer Gründung versteht sich die *ZENTRAG* nicht nur als
Großhandel, sondern als System- und know-how-Zentrale für ihre Mitglieder, die sich
durch eine breite Typenvielfalt auszeichnen. Der Fleischereispezialist gehört z. B. ebenso
dazu wie der Tiefkühl-Experte oder der Gastronomie-Spezialist. In innovativen Ver-
triebs- und Angebotsmodellen sowie der beratenden Betreuung der Mitglieder sieht die
ZENTRAG ihre zentralen Aufgaben.

Neben der weiteren Einführung und Durchsetzung des Food/Nonfood-Kataloges „Hier
profitieren Profis" der deutschen Fleischergenossenschaften waren die Entwicklung neuer Eigenmarken-Prospekte und anderer Werbematerialien, die Durchführung von Ver-

kaufs- und Weiterbildungs-Seminaren sowie die Beteiligung an Hausmessen bei einzelnen Mitgliedsgenossenschaften und regionalen Fachmessen die Pfeiler der Marketingarbeit.

Die geschäftliche Basis der *ZENTRAG* bilden annähernd 100 örtliche Fleischergenossenschaften (ohne Österreich und Benelux), die in 1995 einen Gesamtumsatz in Höhe von ca. 2 Mrd. DM erzielten, wobei 85 Lokalgenossenschaften Mitglieder der *ZENTRAG* sind. Die Zahl der angeschlossenen Mitgliedsbetriebe beträgt z. Zt. etwa 18.500. Unter Berücksichtigung der Tatsache, daß das Fleischerhandwerk nach Angaben des Deutschen Fleischerverbandes bundesweit rd. 21.800 Geschäfte mit annähernd 33.000 Verkaufsstellen zählt, beläuft sich der Organisationsgrad auf 85%. Die Umsatzstruktur der örtlichen Fleischergenossenschaften sieht im Durchschnitt wie folgt aus:

- Fleisch   40%
- Lebensmittel   35%
- Fleischereibedarf 25%

3.3 Einkaufsgenossenschaften des Dachdeckerhandwerks

Der *ZEDACH eG*, Zentralgenossenschaft des Dachdeckerhandwerks, gehören elf Dachdeckereinkaufsgenossenschaften, eine Sanitärgenossenschaft und die DASPIN Ein- und Verkaufsgenossenschaft in Österreich an. In 1913 nahm die heutige Sanitärtechnik Großhandel eG in Hamburg, die auch Dachdeckerbetriebe betreut, ihre Geschäftstätigkeit auf. Die meisten Dachdecker-Einkaufsgenossenschaften wurden jedoch in den Jahren nach dem 2. Weltkrieg gegründet. 1963 wurde die *ZEDACH eG* als zentrale Institution des Leistungsverbundes des Dachdeckerhandwerks ins Leben gerufen, die sich - ohne selbst das Warengeschäft zu betreiben - seither in vielfältiger Weise als leistungsfähiges Instrument der gesamten Gruppe entwickelt und erwiesen hat, wobei dem Dienstleistungsbereich besondere Aufmerksamkeit gewidmet wurde. Die damaligen 10 Gründungsgenossenschaften zählten insgesamt 809 Mitglieder und tätigten einen Umsatz in Höhe von 32,6 Mio. DM.

In 1996 erzielte die *ZEDACH*-Gruppe mit 164 Verkaufsstellen einen Umsatz in Höhe von 2,2 Mrd. DM; der Anteil des Mitgliederumsatzes am Gesamtergebnis aller Genossenschaften beträgt 77%. In der Handwerksrolle für das Dachdeckerhandwerk waren 1995 insgesamt 11.890 Betriebe eingetragen. Unter Berücksichtigung der Tatsache, daß die Anzahl der DEG-Mitglieder bei über 8.100 Handwerksbetrieben liegt, ergibt sich ein Organisationsgrad von 68%.

Zu den wesentlichen Serviceleistungen der *ZEDACH*-Gruppe zählt die Datenkommunikation mit dem Dachdeckerhandwerk. Der Trend zu einer umfassenden Informationsbereitstellung für Artikeldaten ist Ausdruck einer immer breiteren EDV-Unterstützung aller Arbeitsgänge bei den Genossenschaften und beim Handwerk. Größte Herausforderungen entstehen in diesem Zusammenhang aus der Fülle von Informationen, die zusammen mit den Artikelstammdaten bereitgestellt werden sollen.

Viele dieser Daten werden dargestellt im Materialkatalog für das Dachdeckerhandwerk, der inzwischen bei einem Umfang von ca. 1.000 Seiten eine Auflage von 11.000 Stück erreicht hat. Zur Zeit sind 230 Lieferanten der *ZEDACH*-Gruppe mit den wichtigsten Produkten im Katalog vertreten. Damit ist die *ZEDACH*-Gruppe in der Lage, allen Mitgliedern/Kunden der Primärgenossenschaften ein Standardwerk zur Information und Beschaffung von Materialien zur Verfügung zu stellen. Zusätzlich ist noch ein umfangreicher Werkzeug- und Gerätekatalog mit Produkten für das Dachbauhandwerk herausgegeben worden, der sich nicht nur an das Dachdeckerhandwerk wendet, sondern ebenfalls an das Klempnerhandwerk.

Im Rahmen des interaktiven Informationssystems der *ZEDACH eG* wurde auch die *ZEDACH* CD-Rom weiter verbessert im Hinblick auf die Zahl und den Umfang der aufgenommenen Daten. Diese CD-Rom enthält neben den Artikelinformationen zusätzliche Bildinformationen, ergänzende Organisationshilfen für das Handwerk sowie Leistungstexte und Stücklisten mit Zeitwerten. Etwa 100.000 Artikel und über 14.000 Leistungstexte können im direkten Zugriff auf den Bildschirm geholt werden.

Seit 1995 werden auch die Dachklempner und Klempnerbetriebe mit einem umfassenden Programm an Maschinen, Werkzeugen und Geräten für die Blechbearbeitung mit großem Erfolg angesprochen. Auch zukünftig wird es um zusätzliche Angebote im Hinblick auf ein erweitertes Nachfragepotential (z. B. bei Dämmstoffen) und um die Ausdehnung des Mitglieder- und Kundenkreises der Genossenschaften gehen, mit anderen Worten: Zunehmend steht das Dach insgesamt im Blickfeld der Aktivitäten der *ZEDACH*-Gruppe.

Daß der Innovation in der *ZEDACH*-Gruppe große Bedeutung beigemessen wird, zeigt sich an dem noch jungen „12er Service" (benannt nach der betreffenden Warengruppe 12). Mit dieser besonderen Dienstleistung sorgen Dachdeckereinkaufsgenossenschaften dafür, daß die Mitgliedsbetriebe ohne Zeitverlust auf der Baustelle arbeiten können. Grundlage dieses Service-Paketes bildet ein Regalsystem mit über 200 Einzelartikeln (von der Schraube bis zum Lötzinn für Fassaden, Flach- und Steildächer), die darin gut geordnet, klar gekennzeichnet, übersichtlich und jederzeit griffbereit plaziert sind. Der Dachdecker bestimmt die Erstausstattung, die Genossenschaft pflegt kostenlos und regelmäßig die Bestände und sorgt nach Absprache gleichzeitig für entsprechenden Nachschub. Der Erfolg bestätigt, daß durch die breite Auswahl an Befestigungsmaterial die Bedürfnisse der Dachdeckerbetriebe voll befriedigt werden.

3.4 Einkaufsgenossenschaften des Malerhandwerks

Der Gesamtmarkt für Malerarbeiten beläuft sich schätzungsweise auf 24 Mrd. DM im Jahr; mehr als die Hälfte wird durch Schwarzarbeit und Do-it-yourself abgedeckt. Die rd. 36.000 Malerbetriebe mit durchschnittlich 4 - 5 Beschäftigten erzielen mithin einen Umsatz von gut 11 Mrd. DM. Der Marktanteil der 16 Malergenossenschaften mit mehr als 100 Standorten, die insgesamt knapp 1,1 Mrd. DM umsetzen, liegt bei annähernd 20%. Der Marktanteil des einzelwirtschaftlichen Großhandels dürfte ca. 25 % betragen. Eine bedeutende Rolle spielen in der Branche die Industrieunternehmen, die selbst distribuieren; ihr Marktanteil nimmt zu Lasten des genossenschaftlichen und einzelwirtschaftlichen Großhandels zu.

Da von der Industrie zunehmend die Frage gestellt wird, ob der Großhandel ein wirklich verläßlicher Partner bleibt, kommt es also entscheidend darauf an, daß der Großhandel - und speziell die Malergenossenschaften - seine Position zwischen Hersteller und Handwerk deutlich festigt. Um dies zu erreichen, haben die Malergenossenschaften sich bereits Ende der 80er Jahre in der *GENO Farbe + Heimtex Marketing GmbH* zusammengeschlossen, um miteinander enger zu kooperieren und vor allem gemeinsam Marketingaufgaben wahrzunehmen:

- Seit 1992 geben die Malergenossenschaften die Kundenzeitschrift „Maler-Konzepte" heraus. Dabei handelt es sich nicht um eine Fachzeitschrift traditioneller Art, vielmehr bezeichnet sich diese Zeitschrift als Magazin für die Erfolgsfaktoren im Betrieb: Strategie, Organisation, Mitarbeiter, Führung, Information und Kundennähe. Mit dieser Zeitschrift, die in einer Auflage von rd. 33.000 Exemplaren zweimonatlich kostenlos an alle Handwerksbetriebe und Malerfachgeschäfte versandt wird, wollen sich die MEGs im Bewußtsein des Berufsstandes stärker einprägen und damit Mitglieder-/Kundenbindung bewirken.

- Die Erfolgsaussichten von Malerbetrieben hängen unmittelbar mit deren unverwechselbarem Leistungsprofil zusammen. Um auf diesem Gebiet ihren Mitgliedern die notwendige Unterstützung zu geben, haben die MEGs das sog. DesignMaler-Konzept entwickelt. Es handelt sich dabei um ein Konzept für zukunftsorientierte Malerbetriebe mit dem Schwerpunkt „Kreative Raumgestaltung", ein relativ kleines, aber seit Ende der 80er Jahre ständig wachsendes Segment im Malermarkt. Basis des Marketingkonzeptes „DesignMaler" ist die Erkenntnis, daß der Spezialist das Rennen im Marktgeschehen macht, mit anderen Worten: Der Maler kann nicht „auf allen Hochzeiten tanzen".

- Ganz auf dieser „Wellenlänge" liegt auch der von den Malergenossenschaften ausgelobte Design-Förderpreis mit dem Thema „Die kreative Wand im Raum", der sich speziell an den Nachwuchs im Malerhandwerk richtet. Die Erfahrungen mit den bisherigen zwei Wettbewerben zeigen ganz deutlich, auf welche Resonanz dieses Thema stößt und welche Aufmerksamkeit dieser Wettbewerb in der Fachwelt gefunden hat. Dieser Wettbewerb will dazu beitragen, die Vielfältigkeit der malerfachlichen Leistung darzustellen und den kreativen Fähigkeiten junger Maler ein Forum geben.

Nach der Handwerkszählung des Statistischen Bundesamtes waren 1995 in Deutschland 36.100 selbständige Maler- und Lackiererbetriebe tätig; im Durchschnitt sind über 50% dieser Betriebe Mitglieder einer Malergenossenschaft.

4. Erfolgsfaktoren für Handwerkergenossenschaften

Nachdem einige konstitutive Elemente der Handwerkergenossenschaften sowie deren grundlegende Entwicklungstendenzen behandelt worden sind und in einer kurzen Bestandsaufnahme die Bedeutung der Handwerkergenossenschaften im Markt analysiert wurde, geht es nunmehr um die Frage nach den zukünftigen Erfolgsfaktoren, mit anderen Worten: Was müssen Handwerkergenossenschaften zur Stärkung ihrer eigenen Leistungsfähigkeit zusätzlich unternehmen, um ihrer Aufgabenstellung - die Existenz ihrer Mitglieder zu sichern und deren Wettbewerbsfähigkeit zu stärken - gerecht zu werden?

Auf der industriellen Anbieterseite vollzieht sich eine gewaltige Konzentrationswelle, der die Handwerkergenossenschaften aufgrund ihrer vielfach unzureichenden Unternehmensgröße nicht immer gewachsen sind; gleichzeitig nimmt die Tendenz seitens der Industrie zu, den Großhandel generell (also auch die Handwerkergenossenschaften) auszuschalten und größere Kooperationsmitglieder direkt zu beliefern.

Eine weitere unabdingbare Notwendigkeit ist ein professionelles Management mit ausge-prägter Sensibilität für die Besonderheiten eines genossenschaftlichen Unternehmens; einzubeziehen ist hierbei auch die 2. Führungsebene. Letztendlich hängt diese Frage mit der jeweiligen Unternehmensgröße zusammen. Es geht unter finanziellen Gesichtspunk-ten häufig desweiteren darum, qualifizierte und kooperative Aufsichtsräte für die Hand-werkergenossenschaften zu finden, die sich nach Übernahme ihres Mandats ausschließ-lich dem Unternehmen „Genossenschaft" verpflichtet fühlen und sich auf ihre zentrale Aufgabe einer Überwachung der Geschäftsführungstätigkeit des Vorstandes beschrän-ken.

Wenn diese Fragen optimal gelöst werden, dann sind die Voraussetzungen für mitglie-der- und marktgerechte Leistungen einer Handwerkergenossenschaft gegeben, die für ihre Mitglieder ein unverzichtbarer Partner ist. In einer solchen Situation sind die Mit-glieder bereit, „einen Teil ihrer Selbständigkeit aufzugeben, um sich stärker mit der Ko-operation zu verbinden" (HÄUSEL 1995, S. 10); die vielzitierte Mitgliederbindung wäre auf diesem Wege weiter gefestigt. Dabei ist gerade auch den Bedürfnissen der größeren Mitgliedsbetriebe Rechnung zu tragen, deren Engagement in der Genossenschaft für die weitere Existenz des genossenschaftlichen Großhandelsunternehmens unverzichtbar ist.

4.1 Leistungsstarke Unternehmensgröße durch Fusion von Schwester-genossenschaften

Es ist unbestritten, daß Wettbewerbsfähigkeit und Zukunftssicherung der Mitglieder en-gere Kooperationsformen erfordern. Eingangs war die Rede davon, daß die Zahl der Handwerkergenossenschaften durch Fusionen in den zurückliegenden Jahren bei gleich-zeitiger Umsatzsteigerung zurückgegangen ist. Diese Daten dürfen aber nicht darüber hinwegtäuschen, daß hinsichtlich einer Neustrukturierung der genossenschaftlichen Handwerkergruppen noch einiges zu tun bleibt. Aus ökonomisch nicht nachvollziehbaren Gründen verhindern einzelne Handwerkergenossenschaften sinnvolle und z. T. unbedingt notwendige Fusionen mit benachbarten Schwestergenossenschaften; es ist keineswegs abwegig, in diesen Fällen von „Kirchturmspolitik" zu sprechen. Häufig finden erfah-rungsgemäß Fusionen erst unter Druck statt, d. h. eine sanierungsbedürftige Genossen-schaft wird übernommen, aber soweit sollte es eigentlich nicht kommen, denn im Sanie-rungsfall werden für Marktaktivitäten dringend benötigte Mittel durch Sanierungsmaß-nahmen gebunden.

Die Verantwortlichen in den Handwerkergenossenschaften - insbesondere ist hiermit de facto der hauptamtliche oder geschäftsführende Vorstand gemeint - haben die Aufgabe, die Mitglieder optimal zu fördern (also dafür zu sorgen, daß möglichst gute Voraussetzungen hierfür gegeben sind). Zum anderen sind die Mitglieder permanent zu motivieren, damit sie die Einrichtungen der Genossenschaft in Anspruch nehmen, d. h. die benötigten Waren dort kaufen und angebotene Dienstleistungen benutzen. Die Vorstände von Handwerkergenossenschaften stellen also - und das müssen sie tun - immer wieder Forderungen an ihre Mitglieder in der Erwartung, daß sie sich der freiwilligen Zusammenarbeit in und mit der Genossenschaft noch weiter öffnen.

Generell kann und muß man in diesem Zusammenhang feststellen: Was die Leitung einer Genossenschaft von ihren Mitgliedern erwartet, das kann sie andererseits hinsichtlich der Fusion/Kooperation mit einer Schwestergenossenschaft nicht grundsätzlich ablehnen - ganz im Gegenteil! Die Genossenschaft ist kein Selbstzweck, sondern hat eine sehr wichtige Aufgabe zu erfüllen: Verbesserung der Wettbewerbsfähigkeit ihrer Mitglieder. Im Sinne dieser Aufgabenstellung ist jede Handwerkergenossenschaft verpflichtet, ihre eigene Position von Zeit zu Zeit zu überdenken und ernsthaft zu prüfen, ob sie angesichts der Wettbewerbssituation, in der sich ihre Mitglieder befinden, dieser Verpflichtung voll gerecht wird.

Oft wird gegen eine Fusion eingewandt, daß bei einem größeren genossenschaftlichen Unternehmen die Mitgliedernähe - und mithin das „Wir-Gefühl" - verloren geht. Es ist sicherlich notwendig, diesem Problem besondere Aufmerksamkeit zu widmen, aber die bundesweit tätigen Einkaufsgenossenschaften/Verbundgruppen beweisen deutlich genug, daß die Mitgliedernähe und -bindung wegen der Unternehmensgröße bzw. unter der räumlichen Distanz nicht unbedingt leiden muß, wenn man rechtzeitig neue Wege der Mitgliedereinbindung und -kommunikation geht.

4.2 Exkurs: Ausgliederung des Warengeschäfts von Handwerkergenossenschaften auf eine GmbH

Die Fusion von Handwerkergenossenschaften mit unterschiedlichen Strukturen und Vermögenssituationen ist - wenn nicht ein „Notfall" vorliegt - in der Regel schwierig und sehr langwierig. Außerdem sind emotionale Gesichtspunkte zu berücksichtigen, zumal bei den Mitgliedern und Gremien (Aufsichtsrat, Vorstand) der Genossenschaft, die bei einer Fusion ihre selbständige Existenz aufgibt. In diesen Fällen scheidet oft die Fusion als Konzentrationsmöglichkeit aus, aber es besteht die Möglichkeit, das Warengeschäft der beteiligten und zu einer Kooperation bereiten Handwerkergenossenschaften auf eine Kapitalgesellschaft zu übertragen. Diese rechtliche Konstruktion wird z. B. seit Jahrzehnten in der *EDEKA*-Gruppe mit Erfolg praktiziert.

Die wesentlichen Kriterien dieses Modells sind folgende: Die beteiligten Genossenschaften verpachten ihren Geschäftsbetrieb an die GmbH, wobei eine kostendeckende Pacht vereinbart wird. Zu Geschäftsführern der GmbH werden die geschäftsführenden Vorstandsmitglieder der beteiligten Genossenschaften berufen; der Aufsichtsrat der GmbH setzt sich aus den Aufsichtsratsmitgliedern der Genossenschaften zusammen. Diese Form der Betriebsverpachtung hat den Vorteil, daß das einzelne genossenschaftliche Unternehmen selbständig bestehen bleibt, trotzdem aber seinen Geschäftsbetrieb in eine größere Einheit, nämlich die GmbH, integrieren kann. Die vielfältigen Vorbehalte gegen eine übliche Fusion sind also nicht mehr entscheidungserheblich.

Bedenken gegen die Zulässigkeit einer derartigen Betriebsverpachtung könnten sich aus § 1 Genossenschaftsgesetz ergeben. Vor längerer Zeit hatte ein Amtsgericht in diesem Zusammenhang die Zwangslöschung einer Genossenschaft verfügt, die ihren Geschäftsbetrieb verpachtet hatte, da nach Auffassung des Gerichts der Förderzweck nicht mehr gegeben war. Das zuständige Landgericht hat sich dieser Ansicht jedoch nicht angeschlossen, sondern entschieden, daß die Förderung der Mitglieder nicht nur unmittelbar, sondern auch mittelbar erfolgen könne und diese mittelbare Förderung sei bei der Betriebsverpachtung gegeben. Heute ist diese Frage unstreitig, aber trotzdem hat das Verpachtungsmodell bei Handwerkergenossenschaften nicht die ihm eigentlich gebührende Resonanz gefunden.

An dieser Stelle sollen die einzelnen rechtlichen und steuerlichen Aspekte nicht erörtert werden. Als Ergebnis bleibt festzuhalten, daß diese rechtliche Konstruktion wesentlich einfacher zu handhaben ist als eine Fusion von Schwestergenossenschaften. Das Verpachtungsmodell hat - das zeigt die Erfahrung - dazu beigetragen, daß sich in den GmbHs Genossenschaften zusammenfanden, für die eine Fusion sonst nicht in Betracht gekommen wäre. Die beteiligten Genossenschaften bestanden fort und konnten ihre Wünsche in der GmbH zum Ausdruck und zur Geltung bringen.

4.3 Professionelles Management mit Genossenschaftsbewußtsein

Die Leitungsbefugnis des Vorstands ist in § 27 Genossenschaftsgesetz geregelt; dort heißt in Abs. 1 seit der 1973er Gesetzesnovelle u. a.: „Der Vorstand hat die Genossen-

schaft unter eigener Verantwortung zu leiten." In dieser Bestimmung wird also unmiß-
verständlich dargelegt, daß der Vorstand die Genossenschaft zu leiten hat und für die
Leitung die alleinige Verantwortung trägt; sie gilt für hauptamtliche wie für neben- und
ehrenamtliche Vorstandsmitglieder. Eine intern unterschiedliche Ausgestaltung der Leitungsbefugnis der Vorstandsmitglieder kann sich aus einem Geschäftsverteilungsplan
ergeben. Grundsätzlich kann diese Entscheidungs- und Leitungsbefugnis nicht entzogen
werden; sie kann weder ganz noch teilweise einem anderen Organ - also auch nicht dem
Aufsichtsrat - übertragen werden.

Aus ökonomischer Sicht bleibt festzuhalten, daß die Intensität des Wettbewerbs und das
Erfordernis der Bereitstellung vielfältiger angesichts der Marktgegebenheiten erforderlichen Dienstleistungen zu einem möglichst optimalen Preis ein professionelles Management der Genossenschaft zwingend erforderlich machen. Kleinere Handwerkergenossenschaften können diesen personellen Anforderungen kaum entsprechen, weil die Ertrags-
lage eine adäquate Vergütung für einen qualifizierten geschäftsführenden Vorstand und
eine kompetente 2. Führungsebene nicht zuläßt. Schon aus diesen wenigen Anmerkungen
ist zu ersehen, daß kleinere Handwerkergenossenschaften sehr schnell bezüglich ihrer
weiteren Marktentwicklung auch personell an Grenzen stoßen.

Die Leitung von Kooperationen erfordert aber noch eine zusätzliche und sehr wichtige
Qualifikation der Vorstandsmitglieder. „Die Leitung einer Genossenschaft ist wegen der
Identität von Kunden und Mitgliedern eine besonders komplexe Aufgabe. An genossenschaftliche Vorstände müssen daher zusätzliche Anforderungen gestellt werden, die sich
bei zentralgeführten Unternehmen nicht ergeben." (ZENTRALVERBAND DER GENOS-
SENSCHAFTLICHEN GROßHANDELS- UND DIENSTLEISTUNGSUNTERNEHMEN E.V. 1988, S.
39) Diese zusätzlichen Anforderungen an Vorstandsmitglieder - und dieses Erfordernis
richtet sich in der Praxis natürlich fast ausschließlich an den hauptamtlichen Vorstand -
ergeben sich aus dem Förderauftrag und den Eigentumsverhältnissen. Zum einen ergibt
sich die Notwendigkeit, die Genossenschaftsmitglieder durch Leistungen zu fördern, zum
anderen entziehen sich die Mitgliedsbetriebe, auf deren wirtschaftliches Wohlergehen alle
Geschäftstätigkeit ausgerichtet ist, der direkten Kontrolle, mit anderen Worten: Die Vorstandsmitglieder einer Handwerkergenossenschaft haben es mit selbständigen Unterneh-
mern und nicht mit Filialleitern zu tun. „Es muß sich daher bei den Genossenschaftsvor-
ständen um Führungspersönlichkeiten handeln, die neue Förderkonzepte bei fehlender
Weisungs- und Sanktionsbefugnis durch Überzeugungskraft und psychologisches Ge-
schick im Mitgliederkreis durchsetzen." (ZENTRALVERBAND DER GENOSSENSCHAFT-
LICHEN GROßHANDELS- UND DIENSTLEISTUNGSUNTERNEHMEN E.V. 1988, S. 40)

Ein genossenschaftliches Vorstandsmitglied muß also zwei Voraussetzungen erfüllen, die für den Erfolg des Unternehmens und der angeschlossenen Handwerksbetriebe von entscheidender Bedeutung sind:

- umfassende fachliche Kompetenz

- persönliche Überzeugungskraft und Glaubwürdigkeit

Diese Anforderungen sind in der Tat äußerst komplex. Der herausragende Erfolg einzelner Einkaufsgenossenschaften/Verbundgruppen beweist in der Praxis immer wieder, daß deren Vorstandsmitglieder über die genannten vielfältigen Begabungen verfügen und außerdem in der Lage sind, sie in die Praxis umzusetzen.

Eine den Marktverhältnissen im Großhandel entsprechende Unternehmensgröße ist also eine wesentliche Voraussetzung für die Beschäftigung eines leistungsfähigen und kompetenten Managements. Eine weitere wichtige Bedingung für den Erfolg einer Handwerkergenossenschaft ist das optimale Zusammenwirken von Vorstand und Aufsichtsrat.

4.4 Machtbalance zwischen Vorstand und Aufsichtsrat

Die zentrale Aufgabe des Aufsichtsrates besteht in der Überwachung der Geschäftsführung; das ergibt sich aus § 38 Genossenschaftsgesetz. Wirtschaftlich fungiert er als Vertretung der Mitgliederinteressen zwischen den Generalversammlungen. Die wesentliche Überwachungstätigkeit des Aufsichtsrats besteht darin, dafür Sorge zu tragen, daß sich die Geschäftspolitik einer Handwerkergenossenschaft stets an den Förderinteressen der Mitglieder ausrichtet. Das heißt aber auch gleichzeitig: Die vorhin besprochene Leitungskompetenz des Vorstandes darf nicht durch den Aufsichtsrat eingeschränkt oder ausgehebelt werden, es sei denn, der Vorstand ist bestimmten Beschränkungen durch das Statut unterworfen.

An anderer Stelle war bereits die Rede davon, daß zwischen den Handwerkergenossenschaften und den berufsständischen Institutionen verständlicherweise eine enge Verbindung besteht, die in der Regel auch dazu führt, daß Mitglieder des Innungsvorstandes im Aufsichtsrat der Handwerkergenossenschaft sitzen und in dem einen oder anderen Fall versuchen, die Interessen der Innung über den Aufsichtsrat in der Handwerkergenossenschaft zu verwirklichen. Daß dies i. S. der Aufgabenstellung dieses Gremiums unzulässig ist, bedarf eigentlich keiner weiteren Begründung. Auch die bereits vorhin erwähnte „Kirchturmspolitik" ist oft nur durch die Sichtweise der Innungen im Einzugsbereich der

Genossenschaft bestimmt und verhindert aus wirtschaftlichen Gründen unbedingt notwendige Maßnahmen (z. B. Fusionen). Auf keinen Fall sollte der Aufsichtsrat quasi als Aufsichtsperson ein Aufsichtsratsmitglied in den Vorstand delegieren; das betreffende ehrenamtliche Vorstandsmitglied muß sich dann seiner neuen Position bewußt werden und sich auf seine neue Aufgabenstellung konzentrieren.

Der Erfolg einer Handwerkergenossenschaft hängt also u. a. entscheidend davon ab, in welcher Form Vorstand und Aufsichtsrat zusammenarbeiten (vgl. FENDT 1994, S. 16 ff.). Dieses Verhältnis sollte eng und vertrauensvoll sein; einerseits geht es um die Information des Aufsichtsrats durch den Vorstand über wichtige Vorgänge, zum anderen muß aber die unterschiedliche Aufgabenstellung beider Organe beachtet werden. Eine Einbeziehung von Aufsichtsratsmitgliedern in die Beschlußfassung des Vorstandes ist unzulässig. Die Genossenschaftssatzungen berücksichtigen dies insofern, als Beschlüsse nach gemeinsamer Beratung getrennt von Vorstand und Aufsichtsrat gefaßt werden.

Zusammenfassend kann also gesagt werden: „Vorstand und Aufsichtsrat einer genossenschaftlichen Unternehmung werden ihrer Aufgabe nur dann gerecht, wenn einerseits die Abstimmung zwischen beiden Organen eng genug ist, um das notwendige Vertrauen sicherzustellen, andererseits aber die unterschiedlichen Funktionen der Organe beachtet werden." (ZENTRALVERBAND DER GENOSSENSCHAFTLICHEN GROSSHANDELS- UND DIENSTLEISTUNGSUNTERNEHMEN E.V. 1988, S. 41 f.) Wenn diese Grundregel nicht beachtet wird - und dafür gibt es leider Beispiele in der Praxis -, dann schadet das ganz klar der Handwerkergenossenschaft und damit auch den angeschlossenen Mitgliedern. Mandatspflichten gehen - wie bereits gesagt - vor Berufsstandspflichten, und das beinhaltet gleichzeitig, daß der Aufsichtsrat sich nicht wirtschaftlich notwendigen Maßnahmen aus egoistischen Gründen verschließen darf; außerdem muß er dafür Sorge tragen, daß der Vorstand mit qualifizierten Persönlichkeiten besetzt wird.

4.5 Mitgliederbindung als unverzichtbare Zukunftsstrategie von Handwerkergenossenschaften

Nachdem im Rahmen der Erörterung über die Erfolgsfaktoren für Handwerkergenossenschaften in den kommenden Jahren die Problematik von Fusionen von Schwestergenossenschaften Gegenstand eingehender Erörterungen war, stand anschließend das Erfordernis eines professionellen Managements mit Genossenschaftsbewußtsein - dabei sind professionelles Management und Genossenschaftsbewußtsein mit Absicht in Verbindung gesetzt worden - zur Diskussion. Das Verhältnis zwischen Vorstand und Aufsichtsrat ist

ein weiterer Erfolgsfaktor für die zukünftige Geschäftsentwicklung von Handwerkergenossenschaften, dessen Bedeutung keineswegs unterschätzt werden darf.

Wenn diese Probleme gelöst sind, dann bestehen zweifellos die besten Voraussetzungen
für die wirtschaftliche Zukunft jedes förderungswirtschaftlichen Unternehmens, speziell
auch einer Handwerkergenossenschaft. Wenn die Frage nach dem „Warum" gestellt
wird, dann wäre eigentlich ganz lapidar zu antworten, daß die drei Erfolgsfaktoren

- leistungsstarke Unternehmensgröße

- Management mit Genossenschaftsbewußtsein

- ausgewogenes Verhältnis Vorstand/Aufsichtsrat

die wesentlichen Voraussetzungen für die Erstellung eines umfassenden und marktgerechten Warensortiments und Leistungsbündels (insbesondere im Marketingbereich) sind.
Dadurch wird die Kooperationszentrale zu einem unverzichtbaren Partner ihrer Kooperationspartner, d. h. es entsteht auf freiwilliger Basis Mitgliederbindung - ein in der Tat
entscheidender Wert, der sorgsam gepflegt werden sollte, weil er zukunftsbestimmend
ist. HÄUSEL (1995, S. 10) hat dies treffend in folgende Worte gekleidet: „Was schafft
eigentlich Mitgliederbindung? Oder genauer: Was könnte Mitglieder veranlassen, einen
Teil ihrer Selbständigkeit aufgeben, um sich stärker mit der Kooperation zu verbinden?
Die Antwort ist klar: An erster Stelle sind es die Leistungen der Kooperation." Und mit
Leistungen einer Handwerkergenossenschaft ist nicht ein möglichst umfassender Katalog
gemeint, sondern es geht ganz konkret um ein zielgerichtetes Waren- und Dienstleistungsangebot.

Wenn tatsächlich Mitgliederbindung erreicht ist, dann besteht gleichsam ein Gleichklang
zwischen dem Unternehmen „Handwerkergenossenschaft" und seinen Mitgliedern; eine
weitgehende Übereinstimmung beider Interessenssphären ist gegeben. „Wo Genossenschaftsidee und genossenschaftliche Wirklichkeit auseinanderklaffen, ist an die Genossenschaft in der bewährten Erscheinungsform einer mitgliedergetragenen, mitgliederbe-
zogenen und mitgliederkontrollierten Organisation als Kooperationsmodell zu erinnern."
(RINGLE 1997, S. 12)

Was soll damit gesagt werden? Die von Hermann Schulze-Delitzsch und Friedrich-
Wilhelm Raiffeisen aufgestellten Prinzipien der Selbsthilfe, Selbstverwaltung und Selbstverantwortung - und das alles unter dem Stichwort „Freiwilligkeit" - sind auch heute
noch die bestimmenden Elemente jedes förderungswirtschaftlichen Unternehmens - auch
wenn zwischenzeitlich immerhin rd. 150 Jahre vergangen sind. Die beiden Begründer des

Genossenschaftswesens hatten sehr präzise Vorstellungen im Hinblick auf die Realisierung ihrer Überlegungen (weniger Visionen).

An dieser Stelle schließt sich dann der Bogen zwischen der Neuzeit und der Mitte des vergangenen Jahrhunderts. Die damaligen Überlegungen haben im Grundsatz auch heute noch unverändert Bedeutung, auch wenn sich die Zeiten inzwischen grundlegend geändert haben. Die Handwerkergenossenschaften, die sich gerne und mit Recht auf Hermann Schulze-Delitzsch berufen, sollten sich der Zeitenwende bewußt werden und dementsprechend überlegt und zügig handeln; dabei steht ihr Grundauftrag keineswegs zur Disposition.

Teil V: Internationale Perspektive von Einkaufskooperationen

1. Einkaufskooperationen in den USA
(von ULLI ARNOLD)

Eine Darstellung von Einkaufskooperationen wäre ohne internationale Perspektive gewiß unvollständig. Aus deutscher Sicht ist besonders die Entwicklung in den USA von Interesse. Die Darstellung der dortigen Situation umfaßt sowohl die empirische Verbreitung von Einkaufskooperationen (Abschnitt 1.1) als auch die wissenschaftlich-systamatische Untersuchung (Abschnitt 1.2). Die verwirrende Vielfalt der Begrifflichkeiten wird in einem separaten Abschnitt geklärt (Abschnitt 1.3). Die Ergebnisse konnten bei einem Forschungsaufenthalt am Center for Advanced Purchasing Studies (CAPS) bzw. an der Arizona State University (ASU) in Tempe/Arizona gewonnen werden (vgl. EßIG 1998).

1.1 Empirische Evidenz

Mit „Cooperative Purchasing" werden in den USA in erster Linie Einkaufskooperationen im öffentlichen Sektor bezeichnet (vgl. CAVINATO 1984, S. 395 f., DOBLER/ BURT 1996, S. 751, LEENDERS/FEARON 1993, S. 535 f.). Dabei sind folgende empirische Fakten besonders hervorzuheben:

- Allein im Gesundheitswesen existieren weit über 100 Einkaufskooperationen (vgl. PYE 1996, S. 34). Diese Kooperationen sind - ebenso wie die einzelnen Kooperationspartner - Non-Profit-Organisationen. Kooperationsgewinne bspw. durch verbesserte Einkaufskonditionen werden *direkt* an die Mitglieder weitergegeben.

- Als größte Einkaufskooperation gilt die mit der National Association of Educational Buyers (NAEB) verbundene Educational & Institutional Cooperative Service (vgl. HEINRITZ/FARRELL/SMITH 1986, S. 288). Es handelt sich dabei um einen Zusammenschluß von mehr als zweitausend Universitäten, High Schools und Krankenhäusern. E&I beschäftigt mehr als zweihundert Mitarbeiter, verwaltet über achtzig Rahmenverträge und ist dreiundsechzig Jahre aktiv (vgl. E&I COOPERATIVE SERVICE 1996, S. 1, 6, 9). Viele Bildungseinrichtungen sind darüber hinaus mehrfach engagiert: So beschafft die Arizona State University (ASU) gemeinsam mit der Northern Arizona University und der University of Arizona im Rahmen eines Tri-University Furniture Contract. Daneben ist die ASU Mitglied einer Einkaufskooperation des Maricopa County Community College District und Mitglied einer Einkaufskooperation des Maricopa County.

- Cooperatives sind in erster Linie mit den auch in Deutschland weit verbreiteten Genossenschaften zu vergleichen. In den USA haben sie seit 1890 vor allem in der Agrarwirtschaft, vor allem zum gemeinsamen Warenbezug wie etwa Dünger, Verbreitung gefunden (vgl. HARLAN 1991, S. 5, MACIE 1996, S. 16 ff.). Im öffentlichen Sektor wurde das erste Cooperative Purchasing-System um das Jahr 1930 in Alamosa/Colorado gegründet (vgl. PAGE 1980, S. 317).

Verglichen mit den vorgenannten Erscheinungsformen von Cooperative Purchasing konnten sich solche Einkaufskooperationen im Bereich der Industrie nur in geringem Maße durchsetzen. CARTER/NARASIMHAN (1996, S. 20 f.) haben kürzlich deren gegenwärtige und zukünftige Bedeutung in einer vergleichenden Studie in Europa und USA untersucht. Ihre Befunde zeigen, daß der Bedeutungszuwachs im Urteil von Beschaffungsmanagern in USA größer als in Europa ist. Diese Feststellung wird auch von anderen Autoren geteilt:

- „Increased pooling of (common) materials requirements" stelle eine der wichtigsten „new developments in the purchasing organization" (WEELE 1994, S. 191) dar.

- „The formation of alliance purchasing groups may well be a purchasing organization's single largest area of opportunity to add value to its company in the 1990's." (SICKINGER 1996, S. 1)

1.2 Forschungsbemühungen

Die größere empirische Bedeutung von Einkaufskooperationen in den USA hat natürlich auch zu vermehrten Forschungsanstrengungen geführt. Die historisch ersten Quellen mit Hinweisen auf Cooperative Purchasing sind MITCHELL (1927, S. 170 f.) und GUSHÉE/BOFFEY (1928, S. 189 f.). Beide schränkten den Begriff damals ausdrücklich *nicht* auf den öffentlichen Sektor ein. Aus heutiger Sicht gilt gerade die Monographie von GUSHÉE/BOFFEY immer noch als ein „amazing piece[...] of work", dessen „comments are as relevant today as when they were made." (FEARON 1989, S. 80) Die erste Dissertation zum Thema Einkaufskooperationen soll im Jahr 1969 an der University of Denver entstanden sein (vgl. SANDERS/KNAPP 1979, S. 1).

Praktisch alle bedeutenden Lehrbücher zum Beschaffungsmanagement in den USA enthalten Hinweise zu Cooperative Purchasing - im Mittelpunkt steht dabei jedoch meist der öffentliche Sektor (vgl. CAVINATO 1984, S. 395 f., DOBLER/BURT 1996, S. 751, HEINRITZ/FARRELL/SMITH 1986, S. 273 und 288-290, LEENDERS/FEARON 1993, S. 553

f., ZENZ 1981, S. 48-50). Ende der 60er und Anfang der 70er Jahre erschien eine Fülle von Beiträgen, die sich mit öffentlichen Einkaufskooperationen auseinandersetzten (vgl. bspw. BELMONTE 1972, S. 35 ff., FEARON/AYRES 1967, S. 33 f., HAHN/HARDY 1972, S. 56 ff., HARDWICK 1969, S. 13 f.). In der Zwischenzeit existieren weit über 60 Beiträge bzw. Literaturhinweise zum Thema Einkaufskooperationen in den USA; in Deutschland sind es nicht einmal halb so viele (vgl. EßIG 1998).

1.3 Systematisierung der Begrifflichkeiten

Die Vielzahl wissenschaftlicher Schriften und Praktikerpublikationen hat zu einer enormen Begriffsvielfalt geführt, die nicht leicht zu entwirren ist. Der Versuch, die in USA geläufigen Begriffe zu systematisieren, muß an drei Punkten ansetzen (vgl. EßIG 1998):

(1) Erste Systematisierungsdimension ist das Tätigkeitsfeld der beteiligten Kooperationspartner. Neben dem öffentlichen sind dies der industrielle Sektor und der Bereich des Handels. Diese Dimension ist analog zum „institutionellen Konzept der Einkaufskooperation" dieses Buches zu sehen (vgl. Teil I, Kapitel 2).

(2) Zweite Systematisierungsdimension ist der Formalisierungsgrad der Kooperation. Er kann hoch oder niedrig sein. Bei einem hohen Formalisierungsgrad existiert i.d.R. eine Kooperation mit eigener Rechtspersönlichkeit, die zudem relativ hohe Beiträge der Kooperierenden erfordert. So ist es in den USA nicht unüblich, sowohl von den Kooperationspartnern als auch von den beteiligten Lieferanten eine Art „Mitgliedsgebühr" zu fordern. Die Frage, ob ein schriftlich fixierter Vertrag und damit ein (relativ) hoher Formalisierungsgrad zwingende Voraussetzung für eine Kooperation ist, wird auch in der deutschen Kooperationsforschung kontrovers diskutiert (vgl. BIDLINGMAIER 1967, S. 357, EßIG 1998, LINN (1989), S. 23).

(3) Dritte Systematisierungsdimension ist die Unabhängigkeit der Kooperationspartner. Eine geringe Unabhängigkeit kann sowohl aus einem positiven als auch aus einem negativen Beziehungszusammenhang der Kooperationspartner resultieren. Von einem positiven Beziehungszusammenhang sprechen wir, wenn die Kooperierenden bspw. Bestandteil eines großen Konzerns sind. Ein negativer Beziehungszusammenhang resultiert bspw. aus einer Wettbewerbs- bzw. Konkurrenzbeziehung der Kooperierenden auf dem Absatzmarkt.

Diese drei Dimensionen machen es möglich, die amerikanischen Begrifflichkeiten wie folgt zu systematisieren (vgl. Abb. V-1):

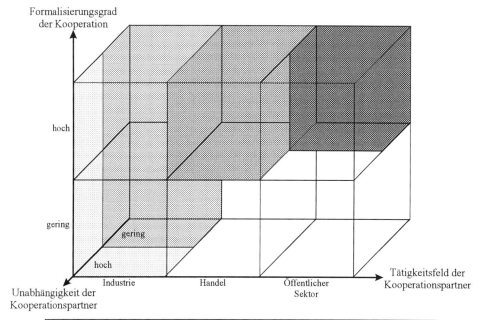

Feld	Vorherrschende Bezeichnung
	Consortium Purchasing
	Group Purchasing
	Buying Offices
	Cooperative Purchasing
	Pooled Purchasing

Abb. V-1: Systematisierung der amerikanischen Begrifflichkeiten
(Quelle: Eßig 1998)

- *Cooperative Purchasing* bezeichnet - wie bereits angesprochen - Einkaufskooperationen im öffentlichen Sektor. Damit handelt es sich sowohl bei den Kooperationspartnern als auch bei der Kooperation selbst i.d.R. um Non-Profit-Organisationen. Der Formalisierungsgrad ist wegen der üblicherweise starken Bindungsintensität sehr hoch (vgl. das Beispiel von E&I Cooperative Sourcing, welche eine eigene

Rechtspersönlichkeit besitzt). Die Kooperierenden gehören häufig einer „Branche" (bspw. Hochschulen oder Krankenhäuser) an, sind also nicht unabhängig im oben dargestellten Sinne.

- Der zunehmende Trend industrieller Unternehmen zur Bildung strategischer Beschaffungsallianzen wird in Abgrenzung zu den in erster Linie als Non-Profit-Organisationen ausgeprägten Cooperatives häufig als *Consortium Purchasing* bezeichnet (vgl. MACIE 1996, S. 20 ff.). Das Consortium wird von Industrieunternehmen gebildet, die sich auf eine Zusammenarbeit in der Beschaffung beschränken und ihre prinzipielle Unabhängigkeit nicht aufgeben. Dabei reichen die Kooperationsformen vom losen Informationsaustausch bis zur eigenständigen Einkaufs-GmbH.

- *Group Purchasing* bezeichnet Einkaufskooperationen selbständiger Töchter eines Konzernunternehmens. Dadurch sollen die Vorteile dezentraler Steuerung mit den Vorteilen gebündelter Einkaufsvolumina verbunden werden („Purchasing Problems in Conglomerate Organizations", LEENDERS/FEARON 1993, S. 50). Die Übersetzung „Group" für Konzern (vgl. SCHÄFER 1990, S. 325, SCHÄFER 1991, S. 441) wird mit der bereits früh kritisierten Unzulänglichkeit (vgl. OBERDORFER/GLEISS/HIRSCH 1963, S. 2 f.) des einst verwendeten Begriffs „Concern" (vgl. LIEFMANN 1977, S. 225 ff.) begründet.

- Einkaufskooperationen im Handel werden *Buying Offices* genannt (vgl. BORDEN/HAYWARD 1979, S. 46 ff., CASH/WINGATE/FRIEDLANDER 1995, S. 49-67). Diese Buying Offices haben traditionell einen hohen Formalisierungsgrad. Der Name „Office" ist wörtlich zu nehmen. Es handelt sich dabei i.d.R. um eine Organisation, die mit eigener Rechtspersönlichkeit Beschaffungsaktivitäten für mehrere Handelsunternehmen betreibt - gerade auf ausländischen Märkten.

- *Pooled Purchasing* stellt schließlich den Oberbegriff für alle genannten Arten von Einkaufskooperationen dar - obwohl er teilweise auch als „Pooling Structure" für Konzern-Einkaufskooperationen verwendet wird (vgl. WEELE 1994, S. 185 f.).

2. Purchasing Consortiums: The United States Experience
(von THOMAS E. HENDRICK)

2.1 Introduction

This chapter is a summary of a comprehensive study funded and published by the Center for Advanced Purchasing Studies, a joint alliance between Arizona State University and the National Association of Purchasing Management under the title *Purchasing Consortiums: Horizontal Alliances Among Firms Buying Common Goods and Services.*

2.2 Purchasing Consortiums - Defined

A purchasing consortium, as defined for this research study, consists of two or more independent organizations that join together, either formally or informally, or through an independent third party, for the purpose of combining their individual requirements for purchased materials, services, and capital goods to leverage more value added pricing, service, and technology from their external suppliers than could be obtained if each firm purchased goods and services alone.

In addition, it is assumed that a purchasing consortium has the following sub-objectives:

1. Suppliers' total costs for the goods and services supplied to the consortium members truly are reduced through this increased volume which clearly justifies lower selling prices, higher quality, better service, and their investment in new technology to add more value to their products and services;

2. All real, potential, and perceived violations of anti-trust laws clearly are avoided;

3. Confidential and proprietary information, including costs, margins, and pricing, and real and intellectual property, is secure from current or potential competitors;

4. There are mutual and equitable costs, risks, and benefits to all parties to the consortium, including buying firms, supplying firms, third parties, and customers.

5. There is a high degree of trust and professionalism among consortium participants, as well as a strong similarity/compatibility of needs, capabilities, philosophies, and corporate cultures regarding buyer-supplier relations.

2.3 A Brief Background on Collaborative Purchasing in the United States Through Consortiums and Consortium-Type Organizations

2.3.1 Purchasing Consortiums - Not a New Idea

Collaborative purchasing among independent organizations certainly is not a new idea. Farmers have had cooperatives, or „co-ops" for many decades with the goal of combining their individual needs to gain purchasing power (as well as marketing power), as have independent grocers, retail hardware stores, and college bookstores, to name a few. To be sure, many of these organizations have been formed to enable them to survive against the powerful purchasing and marketing power of large food chains and general merchandise stores.

In addition, thousands of hospitals in the United States and other healthcare providers have enjoyed favorable pricing and service for many years for medical-surgical-laboratory supplies, pharmaceuticals, laundry, food, and maintenance services, and medical equipment. This has been facilitated through the hundred, or more „group purchasing organizations" (GPOs) such as Amerinet, HSCA, and others, that serve as independent third parties to negotiate with suppliers such as Johnson and Johnson, Abbott Laboratories, Baxter, and other large suppliers to the healthcare industry. In recent years, these GPOs have become an important mechanism for independent hospitals to compete with the dynamic growth of HMOs and national for-profit hospital chains.

2.3.2 The Role of Distributors

In addition, industrial distributors, in a sense, are a form of third-party consortiums. They provide a mechanism for consolidating demands from many firms and earn their revenue by sharing savings with their customers, that result from volume discounts from manufacturers as well as fulfilling some of their channel-of-distribution responsibilities. In fact, there is a movement beginning among a few distributors to collaborate with each other to combine their individual purchasing powers, broaden the product lines, and increase their value added service offerings such as shared warehousing, inventory management, physical distribution, assembly, and transaction activities, with the goal of „one-stop-shopping" for their customers for MRO items. This may be thought as a variation of third-party logistics services.

2.3.3 Purchasing Consortiums: A Recent Initiative for Industrial America

Among *Fortune 500* firms, however, the incidence of the formation and use of purchasing consortiums, as defined above, is an activity that did not begin, to any great extent, until early in the 1990s. Further, only about a fifth of the respondents to this study indicate they are currently actively involved in at least one purchasing consortium. (The author believes, but cannot document, that because of non-response bias, the incidence among *Fortune 500* firms, as well as smaller firms, is significantly below twenty percent.) The question is: Why did it take until this decade for such an obvious purchasing strategy to become of interest to, and a reality for, a few adventurous U. S. firms?

2.4 Why the Hesitation in Forming Consortiums as a Purchasing Strategy?

It is not entirely clear why a procurement strategy that looks horizontally to other firms to collaborate via a purchasing consortium has not emerged to any great extent until the 1990s. However, what follows are some possible reasons for this hesitation, and suggestions as to why these real or imagined barriers may no longer preclude their formation.

2.4.1 Anti-Trust Issues in the United States

First, there may be a fear that the U.S. Department of Justice's Anti-Trust Division and/or the Federal Trade Commission would: (1) Look upon such collaboration among buying firms as anti-competitive much as they police the *per se* illegal (and criminally indictable) activities among competing sellers for such things as price-fixing and market-sharing. (2) Look upon a purchasing consortium as a possible anti-competitive consolidation of purchasing power and thus trigger an investigation for the creation of a monopoly.

However, to the contrary, the opinion from those who are currently involved in consortiums (and in the vast majority of cases, the opinion of their legal council) is that safeguards can be set up in advance (through independent third parties, legal joint ventures, and other means) to insure that preventive „firewalls" or „safe harbors" exist that exempt them from anti-trust regulations and potential illegal acts, even when direct competitors are involved in a purchasing consortium.

A second possible anti-trust issue may have been the fear that such an organization, might directly or indirectly, induce sellers to practice anti-competitive price discrimination against buyers not included in the consortium. This might result in a requirement that a consortium must be open to all firms that wish to join. The fears here may be four-fold: (1) Fear of violation of anti-trust regulations; (2) Fear that the consortium becomes unmanageably large; (3) Fear that „open enrollment" would bring together buyers with widely diverse needs and philosophies towards buyer-supplier relations, resulting in untenable complexity and disfunction; and (4) Fear that competition may be allowed to join.

As a counter to these issues, the „Sub-Objectives #1, 2, and 5" in the above definition, are suggested as necessary conditions for success. First, the Robinson-Patman Act, which addresses price discrimination by suppliers among competing customers, suggests that differing (lower) prices provided to some direct competitors, and not to others, may be justified when suppliers' costs are lower because, for example, of the economies associated with large purchase volumes. Since economies of scale and long-term purchasing commitments are widely accepted causes of cost savings, Robinson-Patman issues do not seem to be a justified fear, and, in addition, *did not surface as a barrier from any respondents in the study.*

Second, regarding „open enrollment," a small proportion (13%) of the respondents in the study indicated they have an open door policy. To the contrary, 87% report that they carefully evaluate potential members according to the some or all of the criteria outlined in Sub-Objective #5 before accepting them into the consortium.

2.4.2 Disclosure of Sensitive and Confidential Competitive Information

Third, firms that collaborate, even with non-competitors, may fear that sensitive competitive information may find its way directly or indirectly into the hands of their competitors. As discussed later in more detail, the use of an independent „third party" as a facilitator of the consortium, was reported to be an effective mechanism that can safeguard sensitive and proprietary information, even among direct competitors if a strict „arms-length" relationship is maintained. In addition, most (but definitely not all) commodities purchased through consortiums are *non-strategic*, such as MRO, routine services, and standard capital equipment. Respondents believe that little or no important sensitive or competitive information can be learned or even inferred from these joint purchases. However, many respondents currently limit (or would limit) their consortium purchases to these types of non-strategic items to avoid any potential problems. On the other hand, others indicate this is a non-issue because they construct a „firewall" shield of protection through the use of a third party, and/or their exclusion of competitors from the consortium.

2.4.3 Supplier Resistance

Fourth, strong suppliers, especially of strategic items, may resist participating in such an arrangement. They may insist on keeping the members of a consortium as separate customers so they can extract higher margins than could be negotiated by the group.

However, if the supplying firms truly experience economies from the larger volumes, longer time commitments, and associated administrative cost savings, and are willing to share a portion of these savings through reduced prices, better service, etc., then the „relationship" can be mutually beneficial. Respondents, as a group, however, do not suggest that all consortium suppliers be elevated to „strategic partnering alliances," especially for standard, non-strategic items where low price may be the dominant (and appropriate) decision variable for choosing a supplier, because low price may be a surrogate for „total cost."

2.4.4 Do Distributors Currently Fulfill this Role?

Fifth, as described above, firms may believe that distributors or similar marketing channel facilitators currently provide enough value-added services for them without going to the effort of involving themselves in a purchasing consortium. Of course, a portion of margin is retained by these distributors for their demand consolidation and other value-added services. This margin, without the use of an intermediate in the channel, could flow directly to consortium members if they perform these functions themselves at a lower total cost. A classical „make-buy" analysis could reveal which approach would be more cost and service effective.

2.4.5 Firm Already has Preferred Relationship(s) with Supplier(s)

Finally, a firm may be resistant to join a purchasing consortium because it believes that it already has highly-leveraged purchasing power for particular commodities and cannot see any advantage to collaborating with firms who might not, and who simply would be „riding on their coat tails" to gain competitive advantage.

A counter to this objection, and described by several study participants, is that there may be a *quid pro quo* among members: Each may have some unique purchasing power, special commodity knowledge, or some other advantage in some commodities not enjoyed by other members. Thus, they feel that, in the long run, benefits have a tendency to balance out among participants as each brings their own comparative advantage for particular commodities to bear on the consortium's collaborative activities.

In addition, even if one firm's requirements amount to half the combined demand of the consortium, and the other half is spread among, say, four or five firms, the doubling of this volume through this consolidated commitment to suppliers should result in value added benefits for all, as suggested in Sub-Objective #4 in the above definition.

2.5 Design of the Study

2.5.1 Objectives

The objectives of this study have been to address the following questions relating to consortium (or group) purchasing activities:

1. What is the current level of involvement of firms in consortium purchasing?

2. How are consortiums structured, and how they are managed and financed?

3. What is the membership makeup of consortiums, including the mix of non-competitors and competitors.

4. What anti-trust and related legal aspects impact consortium purchasing and how can firms avoid problems.

5. What kinds of goods and services currently are purchased through consortiums.

6. What is the nature of specific consortiums, including commodities purchased, dollar volume, length of supplier agreements/contracts, and estimated savings due to participation in the consortium?

7.   How are members recruited, and what are the rules for participation?

8.   How do individual members transact their business with the consortium's supplier(s)?

9.   What impact does consortium purchasing have upon firms' purchasing staff?

10. How long does it take for new consortiums to operate at a satisfactory level?

11. What kinds of materials, capital, and services are best suited for purchase through a consortium? (Opinions from firms currently involved in a consortium and firms that are not.)

12. What are the critical factors which lead to successful consortiums?

13. What do purchasing executives forecast for the future of consortium purchasing activities?

2.5.2 Research Design

The study had two components: (1) field interviews of a cross section of firms in the United States and Canada who were identified as being involved in one or more purchasing consortiums. (2) a survey questionnaire.

(1) Field Interview Component

A series of hour-long recorded telephone interviews were performed with 12 firms by the researcher. These firms were identified from an Exploratory Questionnaire sent to a group of 1995 North American International Executive Purchasing Roundtable attendees who discussed this topic, and from other sources, including a literature review. These hour-long interviews were accomplished by sending, in advance of the interview, an *Interview Guideline* to an individual identified to be knowledgeable on his or her firm's involvement in one or more purchasing consortiums.

This series of interviews had two purposes. First, was to develop specific case studies regarding a few firms' experiences with consortiums. Second, was to provide insight in developing a mail survey questionnaire. Seven of these cases are presented in the full CAPS report as representative of the 12 firms interviewed.

(2) Survey Questionnaire Component

A survey questionnaire package was developed based upon the experience gained from the field interviews described above, and from informal small group discussions held during the March, 1996 *International Executive Purchasing Roundtable* held in Phoenix, Arizona. Approximately 450 *Fortune 500* firms' purchasing organizations were invited to participate in the mail survey. This was a „convenience sample" that came from two primary sources: participants in previous CAPS-sponsored *Purchasing Performance Benchmarks* studies in 26 industries, and participants in the CAPS-sponsored *International Executive Purchasing Roundtables: North American Venue.*

In Spring, 1996, the questionnaire was sent to the approximately 450 targeted firms with instructions to complete and return it either by mail or by fax. If they returned it by fax, they were asked to fax it to a special telephone number that connected them to a dedicated personal computer. This computer contained specialized software that could optically read their hand-written numerical and (printed) written responses and save them to a spreadsheet database. CAPS received 131 completed and usable responses. This is approximately a 29-percent return rate which is considered high for a questionnaire of this level of detail required. (Of these 131 responses, only about a third were received via the fax-to-computer alternative.)

2.5.3 Summary of Study Results

Of the 131 firms responding to the survey questionnaire, 28 were currently involved in at least one purchasing consortium. Mean sales for all respondents was in excess of $10 billion, and the vast majority of both manufacturing and service sectors was represented.

2.5.4 Typical Consortium Structure and Characteristics

It may be somewhat misleading to describe a „typical purchasing consortium" because it is clear from the research that each consortium studied has its own unique characteristics, depending upon its specific objectives, firm makeup, commodities purchased, and other variables. In fact, it may be dangerous to structure a purchasing consortium around what most do, as this may foster mediocrity, and not result in „best-practice." Nevertheless, some characteristics seem to dominate over others. The following criteria may provide insight as to what might work best.

(a) Structure

The typical purchasing consortium is formally structured and managed by the participant members (73% of reporting firms). However, this „formality" does not include a formal written agreement (65% of reporting firms), nor is it considered to be a „for-profit" organization (72%) or a legal joint venture (54%). There are no penalties for withdrawing from the consortium (96%) and no minimum quantity of purchases are required from members (92%).

(b) Commodities Purchased through Consortiums

Most purchases include MRO items (54% of respondents), followed by services (46%), direct materials used in production (42%), and capital goods (35%).

(c) Membership: Competitors versus Non-Competitors and Anti-Trust Issues

Typical consortiums limit their membership to non-direct competitors (62% of respondents), however 32% have a mix of non-competitors and competitors. In fact 70% did not feel including competitors would be a threat to the security of sensitive competitive information, and 78% felt the inclusion of competitors would not result in anti-trust problems. This feeling of comfort was enhanced by 88% of the respondents who had their consortiums reviewed and approved by their legal council. However, only 9% requested opinions regarding their proposed consortiums by any governmental regulatory agency, such as the U. S. Justice Department or the Federal Trade Commission.

(d) Consortium Size and Inclusion of New Members

Most consortiums' membership size is stable (62%) while 88% report the dollar volume of purchases through their consortiums is growing. The primary way in which new members are recruited is „by invitation only."

(e) Transacting Day-to-Day Business through the Consortium

The most common method of transacting day-to-day business for consortium-related commodities, is to release orders directly to suppliers against a blanket contract negotiated by the consortium (48%).

(f) Cost and Savings Associated with the Consortium

How are the costs of running the consortium shared among members and how does this relate to savings? While a variety of methods were reported, most have no direct fees: Each member contributes time, effort, and expense coverage approximately equally (47%). However, of those that reported annual cost, the mean total annual cost to run these consortiums was about $300 thousand. The average dollar volume of the items purchased by the reporting firms through these consortiums was about $15 million through about 3 suppliers with whom they have purchase agreements for slightly more than two years. *They reported that purchasing through their consortiums saved them about 13.5% which yielded an average annual savings of about $2.3 million for each member. Comparing this to the average annual cost of $300,000, and using a liberal interpretation, this results in an average return on „investment" of 767%!*

(g) Effect of Consortiums on Purchasing and Supply Management Personnel

Of some concern is the effect that the use of consortiums may have upon purchasing and supply management personnel. A strong 96% of respondents indicated that their use had either no effect or a positive effect.

(h) Commodities Purchased

The specific commodities purchased are widespread, and this is best illustrated by Figure V-2.

Direct Materials	Services	MRO	Capital Equipment
Artificial sweeteners	Airborne freight	Car rental	Cargo & baggage containers
Cell phones	Car rental	Computers	Cellular capital equipment
Cylinders	Consulting services Customized software	Copy paper	Computer equipment
Furnishings	Express couriers,	Copy paper	Copiers
Headsets	Forms management	Copy paper	Cranes
Heavy equipment & parts	Into plane fueling services	Forklift trucks	Ground support equipment
Hi-rel components	Office supplies	Grainger	Heavy equipment
Road salt	Temporary services	Office equipment	Mainframe client/servers
Cellular infrastructure equip.	Temporary services	Office equipment	PCs/peripherals
Information technology	Transportation	Office equipment	Tanks
Software	Waste management	Office supplies	
Office paper		Office supplies	
Engineering services		Paper	
Fuel		PC memory	
Paper products		Pumps, compressors	
Blankets		Spare parts	
		Tools	

Fig. V-2: Examples of materials, services, MRO, and capital equipment
actually purchased through reported PC's

(i) Length of Time to Establish an Effectively-Working Consortium

Most respondents indicated it takes from 6 months to a year to organize and bring a purchasing consortium to a level that it is an effective procurement tool.

(j) Commodities Appropriate for Purchase through Consortiums

In addition to those reporting on specific consortiums, the study also received feedback from an additional 103 respondents on what they thought about purchasing consortiums. For the combined responses of both groups, the commodities they thought would be of likely benefit to purchase through a consortium are shown in Figure V-3.

cids	electrical maintenance	lime	promotions
adhesives (2)	electrical pipe	lubricants	property management
advertising	electrical supplies (5)	machine parts	pumping units
air compressors	electrical wiring	machining	pumps (4)
airline	electronic components	mail	purchase parts
aluminium (2)	electronics (2)	maintenance (2)	rail
anchors	energy (3)	maintenance services	railroad ties
assembly machines	energy-natural gas	manufacturing components	raw materials (8)
auto rental (2)	engineering (2)	material handling	relays
automobiles	envelopes	mechanical	repair services
base material commodities	environmental	mechanical-pumps	resins (3)
basic maintenance	equipment	metals (2)	rig hire
bearing	equipment maintenance	mill supplies	road salt
bearings	expendable items	minor raw material	safety supplies (2)
bottles	fabricated parts	mobile equipment	security (4)
building	fabrication, testing assembly	motors (3)	semi-conductors
business forms	facilities	mro (4)	services
cabin and dining services	facilities maintenance	mro contract labor	sheet stock
cable transformers	facilities supplies	mud logging	shop supplies
cafeteria (2)	facility services	mud, water treating	shop support items
calibration	factory supplies	natural gas (2)	snow removal
castings	fasteners (3)	non-professional	software (4)
catalysts	fax machines	nothing suited to the business	solvents (2)
cell phones (2)	ferrous castings	office cleaning	spare parts
cellular infrastructure equipment	financial services	office computer/supplies	spikes
central stores with sched. deliv.	fittings (5)	office equipment (3)	standard electronic
chemicals (9)	fittings and flanges	office machines	standard hardware
chemicals-commodity type	flanges	office supplies (19)	standard machine parts
chemicals-small vol.	food	offices	standard packaging equipment
cleaners	forgings	oil	stationery (3)
cleaning (2)	fork lift trucks (3)	oil country tubular goods	steel (5)
cleaning-various	forms (2)	operating supplies	steel bearings
coal	freight	overnight mail	stretch film
commodities-generally avail. ones	fuels	packaging (5)	subscriptions-news, mags
commodities-pure	furniture (2)	packaging supplies	sugar
commodity	fuses	packaging-stretchwrap	supplies
commodity integrated circuits	gas	packing materials	supplies packaging
composites (2)	general mill hardware	pagers	tanks

computer desktop	general mill supplies	pallets	tech/systems contractors
computer equipment	generators	paper (2)	technical services
computer hardware	ground services	paperboard	telecommunications
computer maintenance	ground support equipment	parts	temporary employees (2)
computer sales and service	grounds maintenance	passives	temporary labor (5)
computers (3)	guard	pc board assemblies	temporary professional services
constuction	hand tools (2)	pc maintenance	temporary reprograstics
consulting	hardware (3)	pc repairs	temporary services (2)
consumables	hardware - shop	pc's (11)	temporary staff
consumables purch. by other util.	hardware-low dollar value	pipe (5)	test equipment
contract labor (3)	health	pipe inspection	tie plates
contractor services	health service (2)	pipe valves	titanium
copiers (3)	health-care	pipes, valves, fittings	tooling
copper	hotels (2)	plant equipment components	tools (2)
copy paper (2)	human resources	plant maintenance supplies	transportation (3)
corn	industrial supplies	plant supplies	travel & accomodations
corrugated (3)	insurance-life, disability	plastic resins (2)	travel (8)
corrugated boxes	integr. circuits- prod/process equip	plastic wrap	trays
courier	janitorial (6)	power plant components	trucking
cutters	lab supplies (2)	power tools	utilities
distribution items	lamps	power transformers	valves (5)
distributor materials	lead-frames	power transmission	waste stream
drilling	legal	printers	wheat
drills	lightbulbs	printing (2)	work stations
electrical (2)	lighting	production stock items	

Fig. V-3: Commodities identified by all respondents that they believe
could be target candidates to purchase through a consortium

(k) Critical Success Factors

We also asked all respondents to evaluate a list of 20 candidate factors which are critical for achieving successful purchasing consortiums. Figure V-4 indicates their mean score responses on a 7 point Likert scale, where 1 is unimportant, 4 is neutral, and 7 is highly important. In summary, the respondents clearly indicate that actual cost savings is the most important critical factor of success, followed by 2) a high degree of trust among all participants, 3) safeguards are in place to prevent possible anti-trust violations, and 4) participants have similar buyer-supplier relationship philosophies.

Factors or Processes (in rank order of importance) of successful purchasing consortiums	Rank order all 131	Mean score all 131	Rank order 28 with con-sortium	Mean score: 28 have con-sortium	Rank order 103 no con-sortium	Mean score: 103 no con-sortium	Signifi-cant dif-ference have PC vs. no PC
1. Cost savings achieved through PC vs. costs without PC	1	6.12	1	6.33	1	6.17	
2. There is a high degree of trust among all participants	2	6.09	2	6.07	3	6.09	
3. Safeguards are in place to prevent possible antitrust violations	3	6.08	3	5.77	2	6.16	
4. Participants have similar buyer-supplier relationship philosophies	4	5.35	7	5.14	5	5.39	
5. Warranties, returns, other problems are handled directly with PC suppliers [not through PC]	5	5.26	6	5.33	6	5.25	
6. Payments for items are made directly to the designated PC suppliers [not through PC]	6	5.16	4	5.70	8	5.02	*
7. Orders for requirements flow directly from the firm to suppliers, bypassing the PC	7	5.12	5	5.44	7	5.04	
8. PC has a formal written agreement among all parties	8	5.05	11	3.70	4	5.41	***
9. Participants share the workload related to the PC	9	4.87	8	4.74	10	4.88	
10. The cost of maintaining the PC is proportional to the $ volume each participant purchases through the PC	10	4.71	13	3.62	9	5.00	***

11. The cost of maintaining the PC is a percentage (perhaps on a sliding scale) of purchases through the PC	11	4.34	15	3.25	11	4.64	***
12. PC has a formal organizational structure	12	4.26	9	4.14	12	4.32	
13. PC contract is long-term (3 to 5 years), with renewal	13	4.03	14	3.37	13	4.21	**
14. PC purchases are limited to non-strategic materials, services, and capital	14	3.97	12	3.66	14	4.04	
15. The cost of maintaining the PC is equal for all participants	15	3.80	10	3.92	16	3.80	
16. PC suppliers are only strategic „partner" or „alliance" suppliers	16	3.73	16	3.07	15	3.89	**
17. Participants use an arms-length third party to manage the PC	17	3.53	16	3.07	17	3.63	
18. PC contract for each commodity is with a single source	18	3.16	18	2.85	18	3.23	
19. Orders for requirements flow indirectly through PC to suppliers	19	3.15	19	2.59	19	3.09	
20. Payments for items are made through the PC to the suppliers	20	2.38	20	2.11	20	2.44	

Note: * indicates significant difference between mean rating scores at $p < 0.05$; ** = $p < 0.01$; *** = $p < 0.001$

Fig. V-4: Critical factors of successful purchasing consortiums

(l) Predicted Future of Purchasing Consortiums

What does the future hold for purchasing consortiums. Most were „cautiously optimistic" in that. 68 % reported that they „will become *more prevalent*" while about 14% believed they "will become *much more prevalent*." Summing these results in 82% predicting growth in their use.

Finally, when asked to comment on the future of purchasing consortiums, the consensus was positive, but not without warnings, and even a few negative comments. To gain an appreciation of these responses, see the verbatim comments in Figures V-5 and V-6 and V-7.

Scale Key to Responses in Fig. V-5:

1 - Will become much more prevalent
2 - Will become more prevalent
3 - Number will not grow or shrink much beyond current level
4 - Will become less prevalent
5 - Will become much less prevalent
6 - Will be severely restricted by new antitrust regulations

1	PC will prove to be more effective if negotiation with top tier suppliers who will see the benefit of dealing with such a group. It will be a win-win for both.
1	Critical to avoid squeezing out the little guy
1	Accomplished objectives of lower costs and smaller supplier bases and increased alliances
1	Standardization of "building blocks" used by manufacturing lesser - the value added by quality & engineering organizations allowing more PCs.
1	Due to increased pressure on costs PC add leverage. Little low hanging fruit left - have to find other avenues to reduce cost.
1	As the global economy matures, the pressure for more cost effective products will increase, PCs are one vehicle to respond to those pressures
1	Small companies will need to improve costs and this is one way.
1	Cost advantage to participants
1	Economics will force formation of more alliances
1	With education about purchasing co-ops the benefits will become known faster.
1	Cost reductions
1	Downsizing OEMs. Recognition that for many commodities, services etc purchasing add little value.
1	Purchasing consortiums will go from a minor to a major component of industrial purchasing over the next 5-10 years as firms concentrate human resources on core competencies and strategic purchases.
1	Best practice - legal restrictions are being reviewed & modified to provide flexibility.
2	Value added by leveraged purchasing and increased/consistent performance by supplier
2	Pressure for cost reduction & strategic partnerships
2	Believe they will grow or shrink in direct response to growth in distributor consortiums
2	Additional cost savings through new sources of supply brought by members
2	Out sourcing non-strategic materials for $ leverage results in cost savings + transactional savings.
2	They can provide value in some areas/categories but not necessarily in all situations.
2	Market place is always driving participants to lower costs, PCs are one tool which should be evaluated.
2	As strategic alliances continue to grow, the dollars & quality issues justify taking this path.
2	We have maximized our leverage. Need more volume/clout to further affect prices.
2	As aerospace/defense industry sorts its way out of the new world order, it will require leveraging throughout the marketplace.
2	As companies gain experience/comfort with PCs+B12 the no. will increase
2	Smaller firms will have more benefit in purchasing via groups giving them more leverage and better pricing structure
2	Becomes a proven process with many success stories
2	Industry Consolidation, Competition, Drive for cost reduction and efficiency, Standardization
2	Companies focus on cost reduction
2	Can't sustain the same relationship w/suppliers. Supplier base continues to shrink so existing suppliers will get more of our business & we'll have stronger relationships negating the value of a PC.
2	Provide a cost effective method of acquiring certain goods and services
2	Most will collapse because of lack of support, trust and participation against members.
2	Cost pressures on small firms will cause PCs to grow

2	The application will be focused, thus more prevalent than today but not widespread.
2	Leveraging equals unit cost reductions for most commodities
2	Competitive realities will push companies into PCs to maintain a competitive cost structure
2	As cost pressures of a global economy continue to increase small to medium size firms will take advantage of economies of scale in PCs.
2	Companies are finding more innovative ways to reduce costs while maintaining value
2	Greater interest in expense control and outsourcing
2	Quest to reduce cost of manufacturing will drive this concept. If the concept proves cost effective and avoids legal challenges, it should grow.
2	Cost Savings; Competitiveness in the marketplace
2	It would become more prevalent in some types of purchasing.
2	The opportunity to reduce costs are so significant that smaller firms will have to use this mechanism in order to reduce costs against larger firms.
2	Cost reductions will become more and more important due to the continuing cost effectiveness measures taken by the various corporations as well as governments
2	Very little true benefit
2	Business will be more global, US companies will work together to enhance global market share
2	Not a factor in the semiconductor industry
2	Creates additional Leverage
2	Constant value of leveraging
2	Competitive market conditions will foster future growth. Participating companies will not be competitors.
2	Any growth will be obviously impacted and dependent on anti-trust regulation.
2	Most companies are trying to reduce cost; people cost are difficult to reduce focus therefore is on purchases
2	Competitive environment
2	Dependent upon the success of the PCs in reducing cost year over year
2	As long as there is a cost benefit to both sides and performance can be measured.
2	Some benefits to combining requirements for like products
2	For the smaller buyer to stay alive
2	Change is difficult. It will take some time for PCs to become much more prevalent.
2	Cost reduction
2	Current hesitation will dissipate as more successful PCs are developed.
2	Competitive pressure and ease of combining information and requirements
2	The concept has just begun to pickup momentum
2	PC seems a logical extension of integrated supply chain management.
2	Customer and supplier are still learning the value of PCs. They do not suit all purchases.
2	Leverage and competition
2	Trend is for more activity. Probably not in next 5 years
3	PC should attract more attention as successes are communicated and as procedures are "de-bugged" for smoother execution.
3	Share Risk, Support investment, Reduce Cost.
3	Purchasing 101 - Volume, Location result in cost reductions
3	Price breaks can be achieved by separate only company who has volume equal to PCs. Maximum discounts are typically achieved at lower volume than combined consortium buy.
3	It depends on which political party is running the country. If Democrats antitrust laws will be more restricted and with Republican antitrust laws will be less restricted.
3	May take longer than 2001 for concept to be proved in or accepted as a way of life.
3	No comments
3	"Co-ops" have existed for across so the idea isn't new.
3	Direct outsourcing will take precedence over PCs

3	Egoism both of buyers and suppliers may be still big obstacle to do it.
4	Current interest disregards impact on firm's ability to manage the integrated supply chain(ISC) benefits from effective ISC management far surpass cost savings from PC+B12s.
4	Improved communications and information exchanges
5	As competition rises such cooperation will be more difficult
5	I feel this will put some companies out of business. I feel this will put pressure on regulators for further restrictions.

Fig. V-5: Comments related to respondents' forecast
of future growth of consortiums by 2001

As with any other program, constant monitoring is required, to ensure continued service, quality and price.
Good Concept. Has to be worked at & attended to. Need the right people involved (Attitude and interpersonal skills)
Growing, more impacting. Because some are able to develop and gain better pricing it forces involvement lest previously attractive volumes become not as attractive.
I believe that PCs will continue to evolve. The quality service issues combined with the increased leverage will enhance this concept.
I believe it is the wave of the future and critical to keep U.S. Industry competitive.
Its important for senior management of each company/participant to conceptually and actively support the PC.
Open new sources of supply. Potential for leveraging volumes to achieve greater savings.
PCs are applicable only in cases where the buying firm's relationship with its supplier(s) is significantly irrelevant. Their use for most production purchases is questionable and inconceivable for any strategic product/service purchases.
Smaller manufacturing firms will be forced to consider PCs in order to achieve the buying power required to remain competitive.
We believe that consortiums will grow in various configurations to meet buyer and seller needs. We feel legal antitrust issue will be minimum.
Will continue as long as legal boundaries are clear and adhered to. PCs are not a panacea for all items - must weigh loss of flexibility against benefits.
Will have a place as valuable purchasing tool - Not end all to all purchasing strategies as each company, relationship and category different, also likely that any two will look alike.

Fig. V-6: General comments about the future of consortium companies
currently involved in a consortium

As a purchaser of goods and services, I feel my company would benefit substantially from the combined purchasing power. I think it would be short-lived due to competition being slowly eliminated, the costs would then begin to rise.

As companies pursue strategic initiatives that focus on core competencies, the procurement/materials management profession will be driven toward consolidation from vertically integrated company structure. Companies will seek procurement/materials mgmt.

Big opportunity in MRO particularly Natural Gas. Needs to carefully define guidelines to avoid antitrust issues. Need clarity around the "How to".

Clearly defining the roles within each PC will be critical, Also the responsibilities and liabilities etc. will be critical. Business practices should be clearly defined. The better everyone understand the ground rules & exactly what each others role

Companies in same business group can find easier way toward a PC.

Concept is really untested. Within large corporations corporate buying has utilized a similar concept w/mixed results. For the concept to flourish there must be some very visible success stories.

Don't Know Much about them.

Effectively outsourcing provides a consolidation of purchasing. We are not seeing "Price" benefits from the strategy. PCs might be an alternative to outsourcing as we see it today.

Excellent approach to substantial discounts for non - strategic materials & services

Except when used within the supply chain I do not see much value in PCs unless you do not use purchasing as a strategic competitive advantage.

Government will be hard pressed to intervene. Short term cost reduction will be realized by customer, but supplier will not realize reductions in proportion to what they give up for business. They will have to reduce margins somewhat.

Great Opportunity; Needs more investigation; Many companies suspicious; Need more success stories to catch on

I am extremely interested in pursuing this concept and organizing consortiums in several areas of our purchases.

I believe it is a good idea which realizes cost effectiveness. There will be problems getting all to agree on what should /will be purchased. I plan looking on PCs in 1997.

In our opinion, the future of PCs will be much more prevalent. Large corporations that have multiple divisions will be able to reduce the cost of purchased goods by utilizing PCs.

Little knowledge PC's. Need to gain a better understanding of opportunities. Concept may be difficult to execute, but maybe viable.

Major auto manufacturers have been utilizing a form of PCs for many years. Tier 1 company negotiates commodity contract (i.e. steel) for smaller suppliers, who release and pay accordingly. TIER 1 offsets costs of managing program via material savings. The

Much of future success will depend upon the "Management energy" required to successfully manage PC's compared to savings & benefits gained.

Need a network of companies willing to participate in PC

No local experience or organization

We are exploring the opportunities to do joint purchasing with other municipal utilities in [Canadian Province].

PC will grow in process industries over the next 5 years. Initially growth will be slow. Expect significant impact 5-7 years from now.

PCs are areas for potential future savings in areas or locations where other resources do not exist. Service functions also are very good potential growth areas.

PCs will be one way for smaller companies to gain leverage to compete with larger players in the industry.

Properly structured they will provide an appropriate means to acquire goods and services yielding savings to both buyers and suppliers.

Properly structured, they can provide increased leverage with the supply base in two-three areas. a)Price/Unit b) Managing supplies c) Cost in use/technology/improvements

Rationalization will take place. Cost/Benefit studies will be done to determine degree to which PCs will be developed and maintained.
Since we do not currently participate in a PC, we don't have enough direct experience to say, however it appears more are forming to take advantage of large economies of scale
Sub companies of a parent company need to pool their requirements in order to achieve overall unit cost reductions through leveraging.
The larger the company is the less value the PC is in total size & how it relates to his competitors & the industry as a whole
They can't be all things to all their varying clients - selected suppliers will not be as customer serving & committed to earn as in the more traditional supplier alliance programs.
They need to develop some history and publish success and failures - what do then do best/worst.
This might be the greatest but I am from the old school and as I have said it won't fit our business at all.
Use of PCs will be limited to small & medium size companies who do not have sufficient volumes in particular areas to be competitive. Limited application in large firms with integrated purchasing departments.
We are currently considering a no. of opportunities where PCs would result in cost reductions. I feel that most of these opportunities will be regional.
Will be an evolutionary step in the area of MRO & Services.
Will grow in importance as companies focus on expense management. Consortiums will influence standards, contract terms and conditions as well as price.

Fig. V-7: General comments about the future of consortium companies
currently not involved in a consortium

2.6 Summary and Conclusions

From the information gained from the case studies (contained in the final CAPS report) and the responses to the survey questionnaire, it is apparent that purchasing consortiums can be a valuable strategic initiative worth serious consideration. Moreover, a purchasing consortium is a vehicle through which the purchasing function may add significant value to their respective firms. In addition, consortiums seem to hold the potential for creating a new dimension of „partnering" strategic alliances beyond those of individual buyers collaborating only with individual suppliers. This new dimension, it is believed by this researcher, is the formation of *horizontal multi-buyer and vertical, multi-supplier strategic „partnering" alliances*. It is apparent that many of the critical success factors associated with *vertical* strategic buyer-supplier „partnering alliances" can be applied to the design and management of *horizontal* alliances consisting of small groups of like-thinking buying firms who trust each other, yet maintain an arms-length relationship regarding anti-trust issues, and are able to keep their association with each other flexible and improving continuously.

3. Partnering for Competitive Advantage
(von EBERHARD E. SCHEUING)

In a global marketplace characterized by turbulent change and aggressive competition, no organization, regardless of its size, can afford to proceed on its own any more. Powerful economic forces are reshaping companies, industries, and countries. Enlightened leaders recognize the need to join forces with others for mutual benefit. They configure continuously evolving networks of resources engaged in joint value creation. The members of these networks are lean and flexible organizations committed to continuous improvement. They are linked by common interests and the opportunity to leverage their strengths. They continually enhance their relationships because of the substantial rewards produced by the resulting synergy.

3.1 The Partnering Imperative

Strategic planning involves achieving an optimum fit between an organization's resources and its environmental opportunities. Purchasing plays a vital role in this process by strategically procuring needed goods and services from external sources at optimum total cost. To help the organization stay competitive in today's marketplace, purchasing must achieve the right combination of quality, service, and cost by sourcing from a carefully chosen group of proven suppliers. Necessarily, the degree of leverage that purchasing managers bring to negotiations with these selected suppliers is limited by the volumes they represent. Clearly, greater benefits could be obtained if the quantities purchased could be expanded.

Driven by such considerations, organizations around the world are entering into *strategic alliances* to bolster their strengths and overcome their weaknesses. „In a strategic alliance, firms cooperate out of mutual need and share the risks to reach a common objective" (LEWIS 1990, p. 1). By joining forces, the allies gain access to each other's resources. This requires a high level of mutual trust. Since they will be sharing risks, the partners need to be firmly committed to common objectives. They must also agree on strategic issues and share control over their joint destiny. Strategic alliances unleash powerful, dynamic forces that greatly enhance the competitiveness and profitability of their participants.

Strategic partnering is, accordingly, the systematic leveraging of purchasing's resources and capabilities through mutually beneficial relationships with other internal and external players to strengthen the organization's competitive advantage. As shown in Figure V-8, this can take place in four ways.

Type	Internal Partnering	External Partnering
Horizontal Partnering	Pooled Purchasing	Cooperative Purchasing
Vertical Partnering	Sourcing Teams	Supplier Partnering

Fig. V-8: The Strategic Partnering Matrix

The terms used in this exhibit can be defined as follows:

Internal Partnering: joint efforts of colleagues within the same organization.

External Partnering: alliances between independent firms.

Horizontal Partnering: cooperation between people or organizations at the same position in the value chain.

Vertical Partnering: joining of forces between players at different positions in the value chain.

Pooled Purchasing: colleagues purchasing identical products in different units of the same organization combine their volumes for increased leverage.

Sourcing Teams: cross-functional groups that jointly manage supplier relations for selected products.

Cooperative Purchasing: independent organizations combine purchasing volumes for selected products to achieve increased leverage.

Supplier Partnering: the strategic establishment, systematic maintenance, and pro-active enhancement of close, mutually beneficial, long-term business relationships with a limited number of carefully selected suppliers.

Taking a closer look at the four partnering strategies, we discover that *pooled purchasing* brings together purchasers from different plants, divisions, or subsidiaries of the same organization in *purchasing* or *commodity councils*. In these councils, colleagues from different parts of the organization:

- agree on common specifications (standardization),

- share product and supplier information,

- pool their volume requirements, as well as

- jointly select the source(s) and award the business.

Increased leverage is thus achieved by pooling the requirements of several units of an organization and placing orders jointly. This, of course, is only possible if their requirements are compatible and common specifications can be developed. Under these circumstances, both the purchase price and other sourcing-related costs will be reduced. Other efficiencies can result from the interchangeability of parts and inventories and the potential for shared learning.

A *team* can be defined as „a small number of people with complementary skills who are committed to a common purpose, performance goals, and approach for which they hold themselves mutually accountable" (KATZENBACH/SMITH 1993, p. 45). A cross-functional *sourcing team* is a group of people from different functions who jointly own and manage a sourcing process. As stakeholders in joint decisions, they contribute their diverse perspectives, talents, experiences, and resources to the joint effort (MONCZKA/TRENT 1993).

Cooperative purchasing combines the purchasing volumes of several organizations for increased leverage in acquiring selected products. A *purchasing cooperative* is a group of nonprofit organizations or government agencies who join forces in procuring selected commodities. Key characteristics are:

- separate nonprofit organization,

- members are government agencies or institutions,

- members pay dues, suppliers pay fees,

- limited member participation,

- members are often located in the same region, and

- the cooperative provides services.

A cooperative is thus itself a nonprofit organization with a formal membership structure and dues. Although active in the same field, such as education or health care, members of cooperatives tend to be limited in geographical scope and are thus not in competition with each other. This fact enables them to pool their requirements for certain easily standardized items, such as fuel oil and syringes, and achieve significant savings.

An intriguing new type of strategic alliance has recently emerged under the name purchasing consortium. In this arrangement, companies in different fields but with similar requirements join forces for increased leverage. To enter into this kind of alliance, the allies must be quite familiar and comfortable with each other. Because of the necessary sharing of highly proprietary information, they must implicitly trust each other and protect their partners' trade secrets as if they were their own. This suggests that such alliances are likely to be formed among a very small number of partners - although the companies and purchasing volumes involved might be quite substantial.

A *purchasing consortium* is a small group of business firms who join forces in purchasing selected products or services. Key characteristics are:

- informal cooperation,

- members are business firms,

- no dues or fees,

- active member participation,

- no geographic constraints, and

- consortium members work as a team.

Although seemingly intimate, the relationship between the partners must be arms-length to withstand legal and ethical challenges. While no formal structure is likely to be adopted, the relationship needs to be codified in a written agreement and governed by agreed-upon principles, policies, and procedures. Team composition will necessarily vary by product, and each partner as well as the consortium as a whole must designate lead negotiators.

But who may the partners be? Probably not competitors, unless they are limited in size and geographic scope. Rather, they might well be companies already linked in supplier-customer relationships who extend these relationships into joint purchases of common requirements. Or they might be geographic neighbors, operating in different industries but having certain requirements in common. They could also be former members of a corporate family who are now legally independent but can still benefit from this joint endeavor.

Consortium purchasing is most successful if the partners:

- have compatible cultures and goals,

- have similar requirements,

- know and trust each other,

- adopt principles, policies, and procedures,

- engage in arms-length relationships,

- sign an agreement,

- protect proprietary information,

- are limited in number, and

- communicate frequently and cooperate closely.

How does a consortium differ from a cooperative? In a number of ways. A consortium often brings together firms in different industries; the allies operate in the for-profit sector; they are likely to be limited in number and doe not pay any dues or fees; their relative size might be quite substantial, and their cooperation in the acquisition of chosen products or services is intensive. In contrast, cooperatives typically comprise organizations in the same industry; they are most common in the non-profit and government sectors; they often have many dues-paying members; the relative size of the member organizations is usually limited, and involvement in the joint purchasing process is generally quite restricted.

3.2 The Consortium Purchasing Process

Creating a consortium is by no means an easy matter. In fact, there is likely to be plenty of concern about and resistance against such a bold move. The founding partner's purchasing function has to undertake a substantial internal marketing effort to get top management and other organizational units to buy into this new paradigm. If a major prospective partner is a key customer, though, the organization's marketing function is likely to be a powerful internal ally, eager to strengthen the existing relationship further. In any event, strong arguments in favor of this new kind of strategic alliance are reduced cost, increased competitiveness, and cooperation with highly reputable, non-competing firms. Vigorous championing of the cause is likely to produced somewhat grudging approval of a limited trial. It is, of course, prudent and essential to pick both a partner and a product that promise an impressive initial success.

The consortium purchasing process takes place in three stages:

Stage 1: Formation

The founding partner initiates the process and forms the first strategic alliance. In strategic alliances, organizations with compatible goals and requirements:

- join forces to reach a common objective

- gain access to each other's resources

- trust each other and share information

- make strong mutual commitments

- make joint decisions and take joint action

- share risks, costs, and rewards

Stage 2: Implementation

The initial partners carry out a pilot project, putting the agreed-upon approach into effect.

Stage 3: Expansion

The initial partners assess the results of the pilot project and broaden the range of products and participants.

Let us now take a closer look at the steps involved in these stages which are illustrated in Figure V-9.

3.2.1 Stage 1: Consortium Formation

Step 1: Consortium Initiative

The initial partner commits to the consortium concept, decides to proceed, and develops a tentative schedule for a first project.

Step 2: Sourcing Team Formation

The initial partner creates a cross-functional sourcing team and designates its leader.

Step 3: Formulation of Criteria

The cross-functional sourcing team formulates objectives for the purchasing consortium and develops partner selection criteria.

Step 4: Candidate Identification

Following extensive analysis and internal discussion, the cross-functional sourcing team creates a short list of acceptable potential partners and prioritizes the candidates.

Step 5: Receptiveness Exploration

To avoid wasted effort, undesirable disclosure, and outright embarrassment, a designated "scout" informally and quietly explores the leading candidate's willingness to participate.

Step 6: Formal Invitation

A high-level formal invitation is extended to the prospective partner organization who has responded favorably to the informal overture.

Step 7: Formal Presentation

Upon receiving a favorable official response to this invitation, the sourcing team visits the potential partner organization to formally present its proposition to its counterparts in the prospective partner firm, discuss the benefits and potential drawbacks of the proposed consortium, review the work required and its schedule, and set the date for the commitment decision.

Step 8: Continuing Dialog

The teams from both organizations continue to communicate to clarify open issues.

Step 9: Prospect Commitment

By the agreed-upon date, the prospect organization commits to the consortium concept and becomes the first strategic partner.

Step 10: Partnering Agreement

The teams from both organizations meet again to agree on objectives, principles, policies, procedures, and schedules. A formal agreement is signed by senior executives from both organizations to confirm their participation.

3.2.2 Stage 2: Consortium Implementation

Step 11: Requests for Quotation

The joint team agrees on common specifications, identifies qualified supplier candidates, and issues joint requests for quotation to the identified suppliers.

Step 12: Supplier Selection

The joint team reviews the quotes received, picks supplier(s) for negotiation meeting(s), and chooses the lead negotiator for this joint purchase. It also agrees on the roles and contributions of its individual members and develops negotiation strategies.

Step 13: Supplier Negotiation

The joint team meets and negotiates with the chosen supplier(s).

Step 14: Contract Award

The joint team reviews the results of the supplier negotiations and awards contract(s) to the winning supplier(s).

Step 15: Documentation

The agreement(s) and purchase orders are issued and signed.

Step 16: Contract Completion

The supplier(s) deliver(s) to both partners and get(s) paid.

3.2.3 Stage 3: Consortium Expansion

Step 17: Performance Evaluation

The joint team evaluates supplier performance and communicates its findings to the supplier(s), suggesting improvements, as appropriate.

Step 18: Consortium Assessment

The partners assess the nature of the experience and determine the value and impact of the consortium to date.

Step 19: Management Feedback

The teams present consortium results to their respective managements, recommending its continuation and expansion.

Step 20: Consortium Broadening

The joint team discusses expansion of the consortium to additional partners and products to further enhance its benefits.

20. Consortium Broadening
19. Management Feedback
18. Consortium Assessment
17. Performance Evaluation
16. Contract Completion
15. Documentation
14. Contract Award
13. Supplier Negotiation
12. Supplier Selection
11. Requests for Quotation
10. Partnering Agreement
9. Prospect Commitment
8. Continuing Dialog
7. Formal Presentation
6. Formal Invitation
5. Receptiveness Exploration
4. Candidate Identification
3. Formulation of Criteria
2. Sourcing Team Formation
1. Consortiom Initative

Fig. V-9: The Consortium Purchasing Process

3.3 Potential Consortium Risks

Organizations contemplating consortium purchasing face a number of potential risks that must be understood and managed proactively. These risks include:

- potential antitrust challenges,

- possible lack of supplier cooperation,

- questions about the extent of savings to be achieved,

- the cost of leaving the consortium,

- the integrity of the consortium partners, and

- the restricted range of suppliers available.

Antitrust Challenges

To minimize the risk of antitrust exposure, a purchasing consortium cannot be used to restrict price competition, boycott suppliers, divide markets, or boycott other purchasers.

Many experienced purchasing executives have found that the major antitrust risk of group purchasing activities arises from the concern of suppliers about potential violations of the Robinson-Patman Act. This act requires that favorable prices received by a purchasing group must also be available to comparable purchasers unless the price differential is cost-justified or granted to meet a competing supplier's price. Membership in a purchasing consortium must thus be open to other qualified organizations who meet the criteria of the consortium which must be objective and relate to demonstrable commercial necessity.

Supplier Cooperation

The willingness of prospective suppliers to cooperate with the consortium can be another sticky issue. Potential suppliers to the strategic alliance may:

- fear expensive concessions,

- worry about endangering their current relationships with the participating firms, and/or

- try to jeopardize the consortium by playing off its members against each other.

Extent of Savings

Prospective partners may wonder whether the potential savings will warrant the effort of participating in the consortium. The first round of joint negotiations will typically bring the greatest savings while the alliance's impact on price will be far less dramatic in subsequent years. Besides, purchasing partners with substantial volumes of their own many not realize price reductions as significant as those of other consortium members. This limited advantage is, however, likely to be more than compensated for by savings achieved in the joint purchase of other products or services where the leverage achieved from partnering is greater.

Switching Cost

While a consortium will not impose formal penalties on partners resigning from the joint purchasing effort, a return to stand-alone purchasing will increase an organization's cost due to reduced volume and the inability to negotiate jointly.

Partner Integrity

Since the conduct of any partner reflects on the reputation of the other partners, the behavior of all partners must be above reproach.

Supplier Pool

The combined volume of the consortium partners may severely limit the range of available supplier candidates. Distributors are often left out as requests for quotation are sent directly to manufacturers. Similarly, small suppliers, including minority business enterprises, who may have done a fine job serving at least part of the needs of a consortium partner are unable to meet the alliance's combined volume requirements. There may, in fact, only be a very limited number of suppliers capable of supplying the joint needs of a purchasing consortium.

3.4 Potential Consortium Benefits

Whatever risks a purchasing consortium entails, as long as they are clearly recognized, they can be managed and, in any event, are shared by all members of the strategic alliance. And they are substantially outweighed by the many advantages that accrue to both the purchasing partners and their suppliers.

The potential benefits of consortium purchasing for participating purchasing organizations include:

- reduced cost of sourcing the selected products or services,
- streamlined inventories,
- improved quality,
- enhanced productivity,
- greater protection against price increases,
- continuance of individual supplier relationships, and
- the possibility of obtaining other products at lower prices.

Cost Reduction

The single most powerful driver of consortium purchasing is cost reduction which occurs in a number of ways. for one, unit prices are reduced or discounts increased due to the procurement of larger volumes. Because consortium members share the workload and the number of suppliers is reduced, administrative costs decrease. Shared expertise in logistics management and risk management approaches helps trim these costs.

Inventory Reduction

Increased standardization, ready availability and interchangeability, shorter lead times, and tighter scheduling trim inventories and related costs.

Quality Improvement

Another essential benefit of consortium purchasing is the improved quality resulting from the joint effort. Suppliers will try harder to please such an important customer group, and the combination of talent available in the allied firms can provide them with better assistance. Joint quality audits and management as well as greater supplier commitment lead to continuous quality improvement and reduced cost of quality.

Productivity Improvement

Eliminating the expensive duplication of effort by the purchasing functions of participating companies, reduced paperwork, and enhanced skills and methods caused by close contact with experienced purchasing professionals from other organizations as well as shared learning produce significant increases in the productivity of purchasing in member firms.

Price Protection

Control over price increases from cost-push inflation is strengthened by the leverage of the combined volume.

Relationship Management

Participating purchasing executives do not surrender their decision making authority to the consortium. Rather, they participate in joint negotiations. And they continue their individual relationships with participating suppliers.

Piggybacking

Participating suppliers may offer discounted prices on individual purchases of other products by consortium partners by piggybacking them onto the joint purchases.

Supplier Benefits

Participating suppliers can also benefit from the joint purchasing effort in a number of ways. They obtain valuable market information and are assured of continuous business over the long term. They also receive useful quality advice and assistance in quality improvement and cost reduction efforts. And they strengthen their competitive positions by obtaining sizable revenue streams from a strong group of customers.

3.5 Consortium Purchasing in Action: A Case Example

To demonstrate the application of this new paradigm, we will now analyze the experience of a specific consortium.

Background

Conglomerate Multinational Corporation (CMC) had in the past pooled volume requirements for selected commodities between a number of its business units to gain purchasing leverage and economies of scale. Joining forces in commodity councils, representatives from the participating units identified a select group of qualified suppliers, jointly issued requests for quotation, negotiated agreements, and collectively awarded contracts.

When CMC decided to divest several business units in order to refocus the organization on its core competencies, management wanted to find a way to retain the benefits of pooled purchasing. It also wanted to extend the benefits of greater leverage to some of its top quality small suppliers. If some small suppliers could join the corporation in negotiations with common suppliers, the smaller players could gain extra leverage from the alliance and thus experience cost savings.

Legal Concerns

In considering consortium purchasing, management was concerned about potential violations of antitrust laws. CMC's antitrust lawyers advised management that consortium purchasing is legal, provided that:

- it does not prevent others from purchasing the product or service, and

- the market share of the consortium partners' joint purchases does not exceed 25% of total sales in the natural market.

Internal Support

Consortium purchasing will not succeed without top management approval and support. CMC's corporate purchasing function obtained buy-in to the concept of consortium purchasing from top management. Prospective partners were asked for the same, combined with open communications and nondisclosure agreements. But CMC's purchasing function also had to overcome resistance to such cooperation from within the ranks of other functions. The "not invented here" attitude expressed by them required a substantial internal marketing effort.

Consortium Formation

Frustrated by the loss of leverage from the divestitures, CMC's corporate purchasing executives started looking for potential partners in organizations that already enjoyed strong relationships with CMC. In forming the consortium Joint Purchasing Group (JPG), CMC turned to:

- divested business units,

- top quality small suppliers, and a

- noncompeting corporate neighbor.

The players already knew and respected each other and were thus able to work together productively right away. The participants brought cultural and personal compatibility as well as volume contributions to the alliance.

Consortium Status

JPG's partners achieved substantial initial cost reductions, averaging 20% compared to stand-alone purchasing. Its members continue to benefits greatly from the stability of costs and relationships. The financial rewards and the personal relationships that have sprung from their alliance have encouraged the purchasing partners to seek further strategic leverage by extending the consortium to additional products and services.

Participating suppliers appreciate the predictable volume requirements and timely bill payments. They proactively cooperate in managing product cost and innovation and have thus become vertical partners of the horizontal alliance.

Properly managed, purchasing consortium programs offer significant and lasting advantages to all participants, purchasers and suppliers alike, simultaneously strengthening their quality, competitiveness, and financial results. They represent a powerful strategic purchasing direction, dynamically combining the strengths of independence and flexibility with the synergy of teamwork.

Autorenverzeichnis

ARNOLD, ULLI,
  Prof. Dr. Dr. habil., Lehrstuhl für Investitionsgütermarketing und
  Beschaffungsmanagement, Universität Stuttgart.

HENDRICK, THOMAS E.,
  Ph.D., Professor of Supply Chain Management, Arizona State University und
  Director, CAPS' International Executive Purchasing Roundtables,
  Tempe/USA.

OLESCH, GÜNTER,
  Prof. Dr., Hauptgeschäftsführer, Zentralverband Gewerblicher
  Verbundgruppen e.V., Bonn.

SCHEUING, EBERHARD E.,
  Ph.D., C.P.M., A.P.P., NAPM Professor of Purchasing and Supply
  Leadership, St. John's University, New York/USA.

SERVET, WOLFGANG,
  Dr., Geschäftsführer, Zentralverband Gewerblicher Verbundgruppen e.V.,
  Bonn.

Literaturverzeichnis

ADAM, D. (1996), Planung und Entscheidung: Modelle, Ziele, Methoden, 4. Aufl., Wiesbaden 1996.

AHRENS, C. (1994), Die handels- und wettbewerbspolitische Bedeutung von kooperativen Handelssystemen für den Binnenhandel im EG-Binnemarkt: Strategien und Perspektiven, München 1994.

ARNOLD, U. (1982), Strategische Beschaffungspolitik: Steuerung und Kontrolle strategischer Beschaffungssubsysteme von Unternehmen, Frankfurt/Main u.a. 1982.

ARNOLD, U. (1990), Global Sourcing: Ein Konzept zur Neuorientierung des Supply Management, in: WELGE, M. (Hrsg.) Globales Management: Erfolgreiche Strategien für den Weltmarkt, Stuttgart 1990, S. 49-71.

ARNOLD, U. (1994), Projekt „Einkaufskooperationen mittelständischer Unternehmen in Baden-Württemberg": Erster Zwischenbericht, unveröffentlicht, Stuttgart 1994.

ARNOLD, U. (1995), Projekt „Einkaufskooperationen mittelständischer Unternehmen in Baden-Württemberg": Zweiter Zwischenbericht, unveröffentlicht, Stuttgart 1995.

ARNOLD, U. (1996a), Gemeinschaftsbeschaffung in Einkaufskooperationen: Ergebnisse des Verbundprojektes, in: Beschaffung Aktuell, o. Jg. (1996), Nr. 4, S. 50-51.

ARNOLD, U. (1996b), Sourcing-Konzepte, in: KERN, W./SCHRÖDER, H. H./WEBER, J. (Hrsg.), Handwörterbuch der Produktion, 2. Aufl., Stuttgart 1996, Sp. 1861-1874.

ARNOLD, U. (1997), Beschaffungsmanagement, 2. Aufl., Stuttgart 1997.

ARNOLD, U. (1998), Marktlich integrierte Kooperationen: Netzwerke und Allianzen in Beschaffung und Absatz, in: GASSERT, H./PRECHTL, M./ZAHN, E. (Hrsg.), Innovative Dienstleistungspartnerschaften: Neue Formen der Zusammenarbeit zwischen Industrie und Dienstleistern, Stuttgart 1998, S. 57-90.

ARNOLD, U./EßIG, M. (1997), Einkaufskooperationen in der Industrie, Stuttgart 1997.

ARNOLD, U./VOEGELE, A. R. (1994), Einkaufskooperationen mittelständischer Unternehmen in Baden-Württemberg, unveröffentlichter Projektantrag, Stuttgart 1994.

ARNOLD, U./VOEGELE, A. R. (1995), Projekt „Einkaufskooperationen mittelständischer Unternehmen in Baden-Württemberg": Abschlußbericht, unveröffentlicht, Stuttgart 1995.

ASCHHOFF, G./HENNINGSEN, E. (1995), Das deutsche Genossenschaftswesen: Entwicklung, Struktur, wirtschaftliches Potential, 2. Aufl., Frankfurt/Main 1995.

ASTLEY, W. G./FOMBRUN, C. J. (1983), Collective Strategy: Social Ecology of Organizational Environments, Acadamey of Management Review, Vol. 8 (1983), No. 4, S. 576-587.

BACKHAUS, K. (1997), Industriegütermarketing, 5. Aufl., Stuttgart 1997.

BATZER, E./LACHNER, J./MEYERHÖFER, W. (1989), Die handels- und wettbewerbspolitische Bedeutung der Kooperationen des Konsumgüterhandels, München 1989.

BELMONTE, R. M. (1972), Another Look at Large-Scale Intergovernmental Cooperative Purchasing, in: Journal of Purchasing, Vol. 8 (1972), No. 1, S. 34-49.

BEREKOVEN, L./ECKERT, W./ELLENRIEDER, P. (1996), Markforschung: Methodische Grundlagen und praktische Anwendung, 7. Aufl., Wiesbaden 1996.

BIDLINGMAIER, J. (1967), Begriff und Formen der Kooperation im Handel, in: BIDLINGMAIER, J./JACOBI, H./UHEREK, E. W. (Hrsg., 1967), Absatzpolitik und Distribution: Karl Christian Behrens zum 60. Geburtstag, Wiesbaden 1967, S. 353-395.

BLEICHER, K. (1992), Der Strategie-, Struktur- und Kulturfit Strategischer Allianzen als Erfolgsfaktor, in: BRONDER, C./PRITZL, R. (Hrsg.), Wegweiser für Strategische Allianzen: Meilen- und Stolpersteine bei Kooperationen, Frankfurt/Main 1992, S. 267-292.

BOETTCHER, E. (1974), Kooperation und Demokratie in der Wirtschaft, Tübingen 1974.

BOGASCHEWSKY, R. (1994), Rationalisierungsgemeinschaften mit Lieferanten, in: BLOECH, J./BOGASCHEWSKY, R./FRANK, W. (Hrsg.), Konzernlogistik und Rationalisierungsgemeinschaften mit Lieferanten, Stuttgart 1994, S. 95-115.

BORDEN, R. G./HAYWARD, S. (1979), Getting the Most from the Buying Office, in: CASH, R. P./KLEEBERG, I. C. (Hrsg.), The Buyer's Manual, New York 1979, S. 45-56.

BRONDER, C./PRITZL, R. (1991), Leitfaden für strategische Allianzen, in: Harvard Manager, Jg. 13 (1991), Nr. 1, S. 44-53.

BRONDER, C./PRITZL, R. (1992), Ein konzeptioneller Ansatz zur Gestaltung und Entwicklung Strategischer Allianzen, in: BRONDER, C./PRITZL, R. (Hrsg.), Wegweiser für Strategische Allianzen: Meilen- und Stolpersteine bei Kooperationen, Frankfurt/Main 1992, S. 17-44.

BÜHNER, R. (1996), Betriebswirtschaftliche Organisationslehre, 8. Aufl., München u.a. 1996.

BUSE, H. P. (1997), Kooperationen, in: PFOHL, H.-CHR. (Hrsg.), Betriebswirtschaftslehre der Klein- und Mittelbetriebe: Größenspezifische Probleme und Möglichkeiten zu ihrer Lösung, 3. Aufl., Berlin 1997, S. 441-477.

CARTER, J. R./NARASIMHAN, R. (1996), A Comparison of North American and European Future Purchasing Trends, in: International Journal of Purchasing and Materials Management, Vol. 32 (1996), No. 2, S. 12-22.

CASH, R. P./WINGATE, J. W./FRIEDLANDER, J. S. (1995), Management of Retail Buying, 3. Aufl., New York u.a. 1995.

CAVINATO, J. L. (1984), Purchasing and Materials Management: Integrative Strategies, St. Paul/Minn. u.a. 1984.

CHANDLER, A. D. (1987), Strategy and Structure, 15. Aufl., Cambridge/Mass. 1987.

CORSTEN, H. (1996), Produktionswirtschaft: Einführung in das industrielle Produktionsmanagement, 6. Aufl., München u.a. 1996.

DAUTZENBERG, P. (1996), Verbundgruppenmanagement im Spannungsfeld zwischen Zentralisierung und Dezentralisierung; Diss. St. Gallen 1996.

DOBLER, D. W./BURT, D. N. (1996), Purchasing and Supply Management: Text and Cases, 6. Aufl., New York u.a. 1996.

E&I COOPERATIVE SERVICE (1996), E&I Cooperative Service Inc. 1996 Desktop Index: Your Buying Co-Op for Higher Education & Health Care, Hauppauge/NY 1996.

EßIG, M. (1998), Cooperative Sourcing: Strategie und Taktik horizontaler Beschaffungskooperationen, Diss. Stuttgart 1998 (in Vorbereitung).

FEARON, H. E. (1989), Historical Evolution of the Purchasing Function, in: Journal of Purchasing and Materials Management, Vol. 25 (1989), No. 1, S. 71-81.

FEARON, H. E./AYRES, D. L. (1967), Effect of Centralized Purchasing on Hospital Costs, in: Journal of Purchasing, Vol. 3 (1967), No. 3, S. 22-35.

FENDT, J. (1994), Aufsichtsräte in gewerblichen Verbundgruppen: Aufgaben, rechte und Pflichten, in: Der Verbund, Jg. 7 (1994), Nr. 1, S. 16-20.

FISCHER, J. (1989), Qualitative Ziele in der Unternehmensplanung: Konzepte zur Verbesserung betriebswirtschaftlicher Problemlösungstechniken, Berlin 1989.

GERTH, E. (1971), Zwischenbetriebliche Kooperation, Stuttgart 1971.

GUSHÉE, E. T./BOFFEY, L. F. (1928), Scientific Purchasing, New York u.a. 1928.

HÄUSEL, H.-G. (1995), Die Kooperation auf dem Weg in das dritte Jahrtausend, in: Der Verbund, Jg. 8 (1995), Nr. 3, S. 8-14.

HAHN, C. K./HARDY, S. T. (1972), Factors Affecting Acceptance of a Hospital Group Purchasing Program, in: Journal of Purchasing, Vol. 8 (1972), No. 3, S. 54-68.

HARDWICK, C. T. (1969), Regional Purchasing: A Study in Governmental Cooperative Buying, in: Journal of Purchasing, Vol. 5 (1969), No. 4, S. 13-19.

HARLAN, T. E. (1991), Strength in Numbers, in: NAPM Insights, Vol. 2 (1991), No. 5, S. 5 f.

HEINRITZ, S. F./FARRELL, P. V./SMITH, C. F. (1986), Purchasing: Principles and Applications, Englewood Cliffs 1986.

HEUSS, T. (1956); Schulze-Delitzsch: Leistung und Vermächtnis, Tübingen 1956.

KATZENBACH, J. R./SMITH, D. K. (1993), The Wisdoms of Teams: Creating the High-Performance Organization, New York 1993.

KAUFMANN, F./KOKALJ, L./MAY-STROBL, E. (1990), EG-Binnenmarkt: Die grenzüberschreitende Kooperation mittelständischer Unternehmen: Empirische Analyse von Möglichkeiten, Voraussetzungen und Erfahrungen, Stuttgart 1990.

KNYPHAUSEN-AUFSEß, D. Z. (1995), Theorie der strategischen Unternehmensführung: State of the Art und neue Perspektiven, Wiesbaden 1995.

KOONTZ, H./O'DONNELL, C. (1955), Principles of Management: An Analysis of Managerial Functions, New York 1955.

KOPPELMANN, U. (1995), Beschaffungsmarketing, in: TIETZ, B./KÖHLER, R./ZENTES, J. (Hrsg.), Handwörterbuch des Marketing, 2. Aufl., Stuttgart 1995, Sp. 211-226.

LACHNER, I./TRÄGER, CHR. (1997), Entwicklungen in den Handelskooperationen unter handels- und wettbewerbspolitischen Aspekten, München 1997.

LAURENT, M. (1996), Vertikale Kooperationen zwischen Industrie und Handel, Frankfurt 1996.

LEENDERS, M. R./FEARON, H. E. (1993), Purchasing and Materials Management, 10. Aufl., Burr Ridge/Ill. 1993.

LEWIS, J. D. (1990), Partnerships for Profit: Structuring and Managing Strategic Alliances, New York 1990.

LIEFMANN, R. (1977), Cartels, Concerns and Trusts, New York 1977.

LINN, N. (1989), Die Implementierung vertikaler Kooperationen: Theoretische Konzeption und erste empirische Ergebnisse zum Prozeß der Ausgliederung logistischer Teilaufgaben, Frankfurt/Main u.a. 1989.

MACIE, K. E. (1996), What's the Difference? Though They Have a Common Aim to Save Money, the Cooperative and the Consortium Represent two Different Structures, in: Purchasing Today, Vol. 7 (1996), No. 5, S. 20-23.

MEYER, M. (1996), Effektivität und Effizienz von industriellen Netzwerken, in: Marktforschung & Management, Jg. 40 (1996), Nr. 3, S. 90-95.

MITCHELL, W. N. (1927), Purchasing, New York u.a. 1927.

MONCZKA, R. M./TRENT, R. J. (1993), Cross-Functional Sourcing Team Effectiveness, Tempe 1993.

OBERDORFER, C. W./GLEISS, A./HIRSCH, M. (1963), Common Market Cartel Law, Chicago/Ill. 1963.

OLESCH, G. (1995), Kooperation, in: TIETZ, B./KÖHLER, R./ZENTES, J. (Hrsg.), Handwörterbuch des Marketing, 2. Aufl., Stuttgart 1995, Sp. 1273-1284.

OLIVER, C. (1988), The Collective Strategy Framework: An Application to Competing Predictions of Isomorphism, in: Administrative Science Quarterly, Vol. 33 (1988), S. 543-561.

PAGE, H. R. (1980), Public Purchasing and Materials Management, Lexinton/Mass. 1980.

PROBST, G./RAUB, S. (1995), Action Research: Ein Konzept angewandter Managementforschung, in: Die Unternehmung, Jg. 49 (1995), Nr. 1, S. 3-19.

PYE, C. (1996), Coming Together to Cut Costs: What Can Consortium or Cooperative Purchasing Offer?, in: Purchasing Today, Vol. 7 (1996), No. 5, S. 32-36.

RINGLE, G. (1997), Mitgliederbindung an genossenschaftliche Verbundgruppen, in: Der Verbund, Jg. 10 (1997), Nr. 2, S. 10-13.

SANDERS, F./KNAPP, H. (1979), Cooperative Purchasing Guidelines: Background and Research, Pros and Cons, Examples of Exemplary Programs, Sample Forms and Organization Procedures, Park Ridge/Ill. 1979.

SCHÄFER, W. (1990), Wirtschaftswörterbuch, Band I: Englisch-Deutsch, 3. Aufl., München 1990.

SCHÄFER, W. (1991), Wirtschaftswörterbuch, Band II: Deutsch-Englisch, 3. Aufl., München 1991.

SCHENK, H.-O. (1991), Marktwirtschaftslehre des Handels, Wiesbaden 1991.

SCHERER, J. (1991), Zur Entwicklung und zum Einsatz von Objektmerkmalen als Entscheidungskriterien in der Beschaffung, Köln 1991.

SCHOLZ, C. (1988), Strategische Stimmigkeit: Probleme und Lösungsvorschläge, in: WiSt, Jg. 17 (1988), Nr. 9, S. 445-450.

SCHÜLLER, A. (1996), Die Kirchen und die Zukunft der Sozialen Marktwirtschaft, o.O. 1996.

SCHWARZ, P./PURTSCHERT, R. (1996), Praktizierte Action Research: Das Freiburger Modell im Nonprofit-Bereich, in: Die Unternehmung, Jg. 50 (1996), Nr. 2, S. 137-150.

SCHWEITZER, M. (1990), Gegenstand der Industriebetriebslehre, in: SCHWEITZER, M. (Hrsg.), Industriebetriebslehre: Das Wirtschaften in Industrieunternehmungen, München 1990, S. 1-60.

SCHWEITZER, M. (1992), Gegenstand der Betriebswirtschaftslehre, in: BEA, F. X./ DICHTL, E./SCHWEITZER, M. (Hrsg.), Allgemeine Betriebswirtschaftslehre, Band 1: Grundfragen, 6. Aufl., Stuttgart u.a. 1992, S. 17-56.

SERVET, W. (1996), Handwerkergenossenschaften im ZGV, in: Bankinformation, o. Jg. (1996), Nr. 4, S. 75-76.

SHILL, R. L./MCARTHUR, D. N. (1992), Redefining the Strategic Competitive Unit: Towards a New Global Marketing Paradigm?, in: International Marketing Review, Vol. 9 (1992), No. 3, S. 5-24.

SICKINGER, J. L. (1996), Coalition and Consortium Purchasing Power: It's Big, It's Here, and It's the Future of Strategic Purchasing, unveröffentlichtes Arbeitspapier, St. Paul/Mn. 1996.

STATISTISCHES BUNDESAMT (1996), Statistisches Jahrbuch 1996 für die Bundesrepublik Deutschland, Wiesbaden 1996.

STAUDT, E./TOBERG, M./LINNÉ, H./BOCK, J./THIELEMANN, F. (1992), Kooperationshandbuch: Ein Leitfaden für die Unternehmenspraxis, Düsseldorf-Stuttgart 1992

STEINMANN, H./SCHREYÖGG, G. (1993), Management: Grundlagen der Unternehmensführung: Konzepte, Funktionen, Fallstudien, Wiesbaden 1993.

THUROW, L. C. (1988), Mehr Wettbewerb verlangt mehr Kooperation, in: HENZLER, H. A. (Hrsg.), Handbuch Strategische Führung, Wiesbaden 1988, S. 863-864.

TRÖNDLE, D. (1987), Kooperationsmanagement: Steuerung interaktioneller Prozesse bei Unternehmungskooperationen, Bergisch Gladbach u.a. 1987.

VENKATRAMAN, N. (1989), The Concept of Fit in Strategy Research: Toward Verbal and Statistical Correspondence, in: Academy of Management Review, Jg. 14 (1989), Nr. 3, S. 423-444.

WEELE, A. J. V. (1994), Purchasing Management: Analysis, Planning and Practice, London u.a. 1994.

WEID, H. (1995), Wettbewerbsvorteile durch Electronic Data Interchange (EDI): Analyse betrieblicher Effekte des Einsatzes zur zwischenbetrieblichen Kommunikation zwischen Lieferant und Abnehmer, München 1995.

WILLIAMSON, O. E. (1991), Comparative Economic Organization: Vergleichende ökonomische Organisationstheorie: Die Analyse diskreter Strukturalternativen, in: ORDELHEIDE, D./RUDOLPH, B./BÜSSELMANN, E. (Hrsg.), Betriebswirtschaftslehre und ökonomische Theorie, Stuttgart 1991 S. 13-49.

WIRTSCHAFTSMINISTERIUM BADEN-WÜRTTEMBERG (1995), Gemeinschaftsinitative Wirtschaft und Politik: Ein Modell für Deutschland, Stuttgart 1995.

WÜLKER, H.-D. (1992), Kreuzgasse 10: Keimzelle freien Genossenschaftswesens wiedereröffnet, in: Bankinformation, o. Jg. (1992), Nr. 11, S. 1-7.

ZENTRALVERBAND DER GENOSSENSCHAFTLICHEN GROSSHANDELS- UND DIENSTLEISTUNGSUNTERNEHMEN E.V. (1988), Zukunftsaspekte genossenschaftlicher Kooperationen in Einzelhandel und Handwerk, Bonn 1988.

ZENZ, G. J. (1981), Purchasing and the Management of Materials, 5. Aufl., New York 1981.